编委会名单

教师专业发展学校探索书系

本书出版得到韩山师范学院创建国家教师教育创新实验区项目经费支持

逸懷暢道

陈大逸◎主　编

唐大光◎副主编

暨南大学出版社
JINAN UNIVERSITY PRESS

中国·广州

图书在版编目（CIP）数据

逸怀畅道/陈大逸主编；唐大光副主编．—广州：暨南大学出版社，2019.3
（教师专业发展学校探索书系）
ISBN 978－7－5668－2572－8

Ⅰ.①逸…　Ⅱ.①陈…②唐…　Ⅲ.①中学—学校管理　Ⅳ.①G637

中国版本图书馆 CIP 数据核字(2019)第 024617 号

逸怀畅道
YIHUAI CHANGDAO
主　编：陈大逸　副主编：唐大光

出 版 人：徐义雄
责任编辑：武艳飞　曾小利
责任校对：苏　洁
责任印制：汤慧君　周一丹

出版发行：暨南大学出版社（510630）
电　　话：总编室（8620）85221601
　　　　　营销部（8620）85225284　85228291　85228292（邮购）
传　　真：（8620）85221583（办公室）　85223774（营销部）
网　　址：http：//www.jnupress.com
排　　版：广州市天河星辰文化发展部照排中心
印　　刷：广州市穗彩印务有限公司
开　　本：787mm×1092mm　1/16
印　　张：9
字　　数：136 千
版　　次：2019 年 3 月第 1 版
印　　次：2019 年 3 月第 1 次
定　　价：36.00 元

前　言

兴文中学创办于 1934 年，是普宁市副点完全中学，揭阳市一级学校，广东省“书香校园”，广东省青少年科学教育特色学校，科普中国校园 e 站，全国足球特色学校。

近十几年来，兴文中学与时俱进，开拓创新，不断展现出独特的办学魅力。学校淬炼出“自强不息，志在一流”的兴文精神和“让学生成才，让教师成名，让学校成功”的办学理念。以“优秀做人，成功做事”为德育主线，积极开展孝心、爱心、礼仪、理想等专题教育和校园“六无”创建活动。不断加强校园文化建设，努力培育出足球、科技创新、太极拳、对联等“四大”特色教育。学校坚持以教学创新为动力，以特色教研为方向，以提高教学质量为目标，推行“7 +2”课堂教学模式，积极打造高效课堂。教育教学工作均取得显著成效，办学声誉日隆，成为许多学子向往的理想学校。

兴文中学建校八十四年来，英才辈出，名贤如云，不乏政界精英，科教俊彦，商界巨子。他们奉献社会，回报母校，谱写出一曲曲动人的校友赞歌，成为兴文中学发展的重要力量。

本书分逸趣、雅怀、畅言、问道四个章节，有学校的管理策略，有教育教学的方法总结，有校友的赤子情怀，有学校的办学亮点和办学业绩，也有对生活的一些感悟。它记录和见证着学校的发展，更展现着兴文人“自强不息，志在一流”的精神风貌。

我们希望通过本书，潜移默化地引导师生，让更多的人受益，让兴文精神得到更好的传扬，愿“普宁一流，广东知名”的办学目标早日实现，谱写兴文中学发展的新篇章。

此外，衷心感谢书画大师吴齐教授题写墨宝，感谢韩山师范学院对本书出版工作的大力支持。

因编者水平限制，对考虑不周及存在的问题，敬请大家指正。

编　者

2018 年 10 月

目　录

畅　言

问　道

逸　趣

不忘初心　砥砺前行

有幸参加普宁市委组织部组织的第五批拔尖技术人才“学习十九大”培训班。市委组织部领导做开班讲话，要求大家继续深入学习十九大精神，锤炼本领，勇当栋梁，当好先行者，当好智囊团，当好引路人。他同时强调党管人才，人尽其才，积极营造氛围，让人才更好地各展所长，为实现普宁跨越式发展做出贡献。

市党校专家做了《新时代，新思想，新征程》和《中国梦》两个专题报告，对十九大精神做了深度解读，让我们更好地理解、领会了十九大精神的实质和深远意义，增强了干事创业的信心和动力。

到上海参观“中共一大”会址当天，虽然下着小雨，但大家按捺不住激动与喜悦，迫切期待去感受这神圣的地方。进入会址，“中共一大”十三名代表的雕像让人敬仰。大家排队合影，留下美妙的瞬间。借助图片资料、影视介绍，我们更好地缅怀先驱，点燃火种，星火燎原，中华崛起。

南湖红船，烟雨蒙蒙。探路求索，谋划未来，开启鸿篇。中华复兴，同圆梦想！

浙大专家，传经送宝。经济强省，私企活跃。为求人才，想方设法，多次出台优惠措施，吸引高才。全省上下，步调一致，一心只为网罗优才。得人才者，得天下也。优秀人才的到来，让浙江保持经济活力。他们还学习深圳、东莞，创设高端平台，引进高端团队。引领潮流的创新企业，风起云涌，独领风骚。令人印象深刻的是浙江省委书记的承诺：办事情“最多走一趟”，建设服务型政府，让办事情者方便快捷。这样的政府肯定会赢得更多的口碑和赞赏。一个地方的发展，离不开各级政府的通力合作，从事业出发，从地方发展出发，良好的政商环境，吸引更多人才和企业到来，保持生机勃勃的发展动力，很值得借鉴。

乌镇西栅是一个颇具特色的小镇。这里绿水悠悠，绕居而流；拱桥多姿，绿树婆娑；小鸟欢唱，鱼儿畅游。不管是在晨曦中，还是在夕照下，游人穿梭其中，好一幅天人合一的美好画面。世界互联网大会在此举办，更是锦上添花，使这座江南小镇声名远扬。在旅游旺季，八万游客汇聚于此，何其壮观。当地的门票收入，饮食起居，令人刮目。饮水思源，构建者之独到眼光及匠心独运，无不令人钦佩。同行的伙伴深受启发，并对普宁南溪的美好未来充满期待。普宁南溪，具有岭南水乡之美誉。这里的潮汕民居、美食等潮汕文化，若得慧眼，舍得投资，精心规划，则可河边漫步，河中泛舟，柳下垂钓，龙舟竞渡，岂不美哉！

夜晚，泛舟于黄浦江之上，赏大上海之美景。城市景观，大气磅礴；东方明珠，风头被盖，金茂大厦，也被超越；外滩两岸，游客惊叹！樟树为杭州市树，十里飘香，河道两岸，道路两旁，广为种植，有美化环境、驱蚊灭虫之功效。普宁大道两旁已有种植，可惜其他地方未能跟上，可谓独力难当，效果未现。回想近期普宁市的登革热患，全市上下，忙于灭蚊。但愿今后，普宁市樟木广植，芳馨怡人，蚊虫少见。

此行时间虽短，收获良多。不忘初心，砥砺前行，办好兴文，创教育现代化，培育更多的优秀人才，让普宁这颗粤东明珠，更加光彩夺目。

写出情怀　写出精彩

看了《班主任之友》第11期邢奇志的《写下来，真好》一文，颇有同感。

纵观历史，无不见证。李白斗酒诗百篇，留下诗仙美誉。伟大领袖毛主席少年时期的《心之力》，至今仍成为微信热传的励志雄文。他的《沁园春·雪》更是气势磅礴，尽显伟人风范。有一位专练毛体书法的人说："我可以仿写得十分像，却写不出毛主席的神韵。他把特定环境下的那种感受写下来，别人无法体会。"习近平任浙江省委书记时，也经常用笔名在《浙江日报》发表文章。他的很多讲话，都很接地气。王沪宁从笔杆子到政治局常委，从几年前出版的《政治的人生》一书，就可看到他每天把看书、做事、思考都记录下来。从这里我们可以看到他们"胸怀天下，立己达人"的过人之处。

著名教育家魏书生当校长时，经常要求学生写日记，说是成长记忆，也叫道德长跑。他说很少有人在写日记时老写沮丧、自卑等消极的话，更多的是反思和鼓励自己。著名养成教育专家林格教授，注重重温经典，从经典中吸取大智慧。每看到书中经典的话，他都记笔记，用心去体验并写下自己的感悟。至今，他已写了一百多本笔记。他讲课可以不用教案，信手拈来，得心应手，用他的话说是"悟透了并且活出来"。

成都武侯实验中学校长李镇西在当教师时就每天写几千字的教育日记，发在微博上。他的日记成为许多老师的精神食粮。上海平和双语学校校长万玮师范毕业后被分配到一所初中任教，不像一些人马虎应付，或是牢骚满腹，而是静下心来，把教学中碰到的事情写下来。通过长期的积累、总结，最终写出了《班主任兵法》一书。

许南明校友

中国电影出版社前社长许南明校友已经96岁了，我到北京拜访他，问他长寿的秘诀。他说首先是心态乐观，其次是医疗保健，再次是坚持书法，最后是每天写日记。这也是“写下来，真好”的印证。

在桥柱中学，吴伟壮老师受李镇西写教育日记的影响，先每天看《道德经》一篇，写下心得，看完了《道德经》就接着看《三十六计》，不断坚持写作。在一年之内，他就有几篇文章在省级以上刊物发表，这对一位农村初中老师来说是多么不容易。普宁市教育局宣传办主任杜文波在侨中任学校团委干部时，发挥所长，经常写稿件、出校报。

前几年学校组织教师外出社会实践，作为英语老师的陈佳璇，把所见所闻记下来。翰宇药业董事长曾少贵校友出资十万元，让高三老师外出社会实践，陈老师提起以前的做法，发布以前的日记，让人看了不禁赞叹：“写下来，真好”。这次海南之行，黄海茸副校长也用手机记录了心得体会，及时发到深港校友会秘书长群，获得了良好评价。

广东第二师范学院闫德明教授（右二）莅校指导

广东第二师范学院闫德明教授的课，给人留下深刻的印象。以前他很忙，很少发朋友圈。近期他参加“每天听一本书”的活动，把书的要点和阅读体会发出来，跟大家分享。一位知名教授，还每天不忘学习，不正是“知之者不如好之者，好之者不如乐之者”吗？他到兴文中学做报告时说：“现在是小人物时代，信息传送快捷方便，每个人只要专注，专攻，有专长，就会出彩！”

兴读好书酬壮志，文成佳作展豪情。写着写着，花就开了！

书画大师　名家风范

——印象中的吴齐校友

对著名书画大师吴齐教授，我久闻其大名。以前，我常在兴文中学会议室见到他的墨宝。2006 年，我回兴文中学担任校长以后，与他有了较多的接触，对他产生了崇敬之情。我早有提笔写点我印象中的吴齐教授的想法，但因笔拙，怕文不达意。这次壮着胆子，把我了解的吴齐教授真诚地介绍给大家。

一、笔挥千秋画卷　墨舞万里江山

吴齐教授是当代知名的书画艺术家、诗人、国学名家，是联合国教科文组织国际艺术教育学会世界理事会名誉理事，英国皇家艺术研究院荣誉院士、客座教授，是享受国务院特殊津贴的专家。他早年曾在普宁兴文中学就读，20 世纪 50 年代毕业于江西师大美术专科。他刚出校门就被委以重任，参与军事博物馆、人民大会堂、京西宾馆等美术创作。画坛对他青年时期的一幅成名作品《井冈山大井毛主席故居》甚为关注，并给予了很高的评价：笔法老练，不像年轻画家所为。他执笔与人合作的国画《鄱湖渔歌》更得到周恩来总理的肯定和赞赏。

1989 年，吴教授为南昌滕王阁创作 80 平方米大型壁画《地灵图》，气壮山河，令人震撼，许多参观过滕王阁的广东人，特别是普宁人见到该壁画时更是兴奋和激动。1992 年他由文化部派赴泰国，为泰王行宫“淡浮院”创作了巨幅山水画《江山灵秀图》。他的山水画，铿锵奔放、雄浑沉郁，既表现山川之骨，又表现山川之神，是“黄河之水天上来”，是“大江东去”，气势雄伟，博大厚重；既是华夏民族魂魄的张扬，也是他精神人格的真实写照。在观赏中不仅给人美的享受，更给人一种心灵的震撼。他的书法功底扎实，笔力雄强，自具风采，尽显大家气派。他的诗词寓意深刻，凝聚着正能量。1990 年吴教授当选联合国教科文组织国际艺术教育学会世界理事会的中国理事，是亚洲三位世界理事之一。2011 年，已是 80 高龄的他，仍壮心不已，怀着对艺术的不懈追求，前往尼泊尔，亲览珠穆朗玛峰南峰胜景。在回来后 3 个月里，他集中精力创作了 20 多幅以南峰为主题的作品。2013 年 8 月，他又奔赴西班牙、葡萄牙采风，回国后又创作了一批有新高度的作品，深受美术界的赞赏。若没有对艺术的执着追求，没有勇于开拓创新的精神，实难做到。

二、一朝兴文生　一生兴文情

吴教授离开兴文中学后，仍多次回母校观光并赠送书画。他成名后赠送母校两幅书画；母校 51 周年校庆，他又赠送两幅书画；兴文出版校报，请他题写报名，他欣然挥毫，题写“兴文校报”四字。兴文中学 75 周年校庆，他题写“真诚教学，执着求知”和“兴学则名，文高则灵”两幅篆书墨宝，并为校庆专刊《如诗如歌》题写书名。更为可贵的是，在他踏入耄耋之年时，又向母校捐赠两幅价值 80 多万元的书画。他说：“趁现在身体还行，能画大画，能写大幅的字。我 80 周岁了，母校也快 80 周年了，送两幅书画给母校珍藏，很有意义，也尽了自己的心意。”在赠送现场，他还亲自给学弟、学妹们示范书法，边写边讲解，令人大受启发。他多次到学生画室，看学生画画，与他们谈心并给予指导。

学校教师和吴齐教授（左四）在兴文楼前合影

令人印象深刻的是在2009年，他听闻母校老师到珠海实验中学参观学习，期间多次致电询问行程。当老师们到达时，吴教授及其夫人已在酒店等候多时了。席间，他夫人说：“听说你们要来，他这几天都很兴奋。”他的发言更令人感动，他说：“我是兴文的学生，你们是母校来的老师，母校的老师就是我的老师，来到珠海，我应尽弟子之谊。今晚的饭让学弟许寒松老总抢先请了，我请不了，就带了好一点的烟茶酒来招待大家，略表心意。”老师们无不被吴教授的盛情所感动。当吴教授向每位老师敬酒时，老师们的激动之情更是难以言表。

今年是兴文建校80周年，吴教授听说学校要筹建艺术楼，便准备到兴文举办“母校80华诞吴齐书画展”，并以最优惠的价格义卖作品，以便筹集部分资金捐赠给母校修建艺术楼。兴文生爱兴文，兴文人重感情，在吴教授身上得到了最好的体现。

三、家国情怀　名家风范

吴教授对祖国、对家乡怀着无比感恩和热爱之情。他说：“我是共产党员，是国家培养了我，我最好的作品，应该献给国家。”他说到做到，人民大会堂、中央军事博物馆、京西宾馆等都有他的作品，特别是南昌滕王阁的《地灵图》，更是价值连城。他还多次应外交部的邀请，先后到我国驻意大利、美国、芬兰、加拿大、智利、奥地利等大使馆创作书画作品。应文化部的邀请，他多次担任团长到各国交流创作。普宁的金叶大厦、侨联宾馆、图书馆、占陇镇政府都有他的优秀作品。他依家乡铁山之名，取笔名为“铁山人”，对家乡的感念，从中可见一斑。

吴教授身为中国国学学会名誉会长，非常关注媒体对人们的引导与影响。当他看到珠海格力空调的广告中成龙挥舞着大毛笔时，出于对艺术的责任感，写信向中央电视台广告部反映：成龙作为一名国际巨星他很赏识，但成龙对书法艺术并不熟悉，把毛笔当杂技耍，当拖把拖，是对传统艺术的不尊重，也会对观众产生误导。后来，根据吴教授的建议，该广告改为让成龙伸出大拇指。看到中央电视台的黄山广告词——“感受黄山，天下无山”，他也写信指出：广告词过分强化自我，目中无人，在逻辑上也讲不通，天下无山，黄山也不存在了，等于自我否定。后来该广告词也因此改为“鲜活的黄山”。他希望媒体对人们有更多的正面引导和宣传，以传递更多的正能量。从中我们可以看出，吴教授深厚的国学功底和强烈的社会责任感。

翰墨丹青，显超然神韵；德艺齐馨，成名家风范。吴齐教授虽过80高龄，但体健神清，仍以旺盛的创作激情，攀登艺术巅峰。他对家国之情怀，对母校之挚爱，令人敬佩，更令人仰慕！

董姐的铁招

看了《演讲与口才》中一篇分析董明珠给新入职大学生讲的第一课的文章，我从中感受到了“商界铁娘子”格力电器董事长董明珠独特的管理风格。下面与大家分享她的几个铁招。

管理是企业的根基，管理者只有一种，就是制度，制度贯彻得好，才能让企业做到“水至清则有鱼”。格力厂区行车道 8 米，人行道 1.5 米，下班时几万人挤在人行道，行车道空无一人。有一次，一名工龄十多年的老员工走行车道，立马被开除了。许多人为这位老员工说情，董明珠说：“作为管理者，必须坚持原则。有人说这样做不人性化，但如果人被车撞了，人性化么？都说董姐走过的路寸草不生，我走过的路只有不长杂草，才能长出好庄稼。”

无规矩不成方圆，任何时候都应遵规守纪。这跟我校要求学生行走校道，不穿越篮球场与足球场，是异曲同工的。今后如果碰到董姐，兴文学生可以自豪地说：“我在兴文读初中、高中时就已经做到遵规守纪了。”

在格力集团，总结出客户最讨厌听到的四句话，如果哪个员工说了这四句话，立马辞退。第一句是“这不归我管”。不归你管，应告诉归谁管，不然对公司肯定没有集体感。第二句是“我不知道”。员工应清楚公司每个人的职责，请知道的人来处理。第三句是“他不在”。应说你有什么事我来转达，或找到他让他马上回复。第四句是“这个没办法”。该你处理的事情，一句“没办法”让客户大失所望。敢于担当，不推责任，是爱岗敬业的职业精神。

做父母的希望儿女听话，做儿女的又嫌父母管得多；做室长的希望室友配合好，做室友的又想“干嘛老是说我的不是”；做媳妇常说婆婆怎么样，做了婆婆又说媳妇如何如何。当你是管理者时，你认为董姐这四句话不苛刻，但作为被管理者有时又难以接受。

管理者应该管小事，小事管好了就没大事。厂区见到垃圾，有人说是垃圾桶少了。我说，错，是养成了乱扔垃圾的不好习惯。垃圾桶全拿掉，凡是乱扔垃圾的人就开除，之后就没有人乱扔垃圾。养成少制造垃圾，不制造太多垃圾，不乱扔垃圾的好习惯，才能成为优秀的人。优秀是一种习惯。你若做不到，要给董姐打工，她都不要。

用制度管人，让人对集体充满责任感，让每个人都养成良好的习惯。这几个管理铁招，是格力电器成为优秀民族品牌的重要因素之一。

校园温馨提示

清心华章就　欢室豪气来

今天参加苏章豪老师《清欢集》出版座谈会，看到桥柱中学发生了很大变化，我感到很自豪。前不久，苏老师将《清欢集》送给我，刚好揭阳市教育局来验收课题，只谈了几句，他就匆匆离开。我看了他的书，就跟同事讲起了苏老师许多令人感动的事，让人油然而生敬意！

一、老当益壮　当好表率

我到桥柱中学任校长的时候，面临教师非常紧缺的局面，苏老师看在眼里，也急在心里。他虽已退休，仍毅然回学校上课，为学校发挥余热，更用他高尚的品格以及专注的态度，带动并感染同事。

苏老师有很好的美术功底。当时学校要画四赛栏、宣传栏和写励志标语，但我初来乍到，对学校的老师都不太了解，不知谁可担此重任。有一次我跟他聊天，谈起这事，他非常爽快地答应了。创办《桥柱中学校报》时，苏老师也发挥所长，担任编辑。他编写的《对联》成为桥中第二本校本教材。

二、清静为学　欢心写文

退休后的苏老师，继续在书籍中找乐趣，做到了清静为学、老有所乐。我每次到他家拜访，仿佛到了书的殿堂。不仅桌上堆满了各种各样的书籍，而且经常看到他在认真地抄写文章。他对学问的孜孜追求、精益求精，实在令人敬佩。《清欢集》也是他不断积累，归纳整理，水到渠成的硕果。这在日益浮躁的社会里更是难能可贵！

三、深情厚谊　感恩怀旧

桥柱中学举办校庆之时，苏老师怀着对桥柱中学的深情，亲自为校庆撰写对联。作为兴文中学校友，他应邀参加兴文中学纪念首任校长许宜陶100周年诞辰座谈会。兴文中学举办校庆，苏老师也撰写了三副对联，其中的“兴承圣贤薪火承先启后，文继前哲遗风继往开来”被悬挂于校门。对于老同事以及老朋友，他有着深厚的感情，曾为多位同事、朋友写过文章或小传。扬人所长成为他的又一乐趣。

他作为苏氏的一员，对苏姓怀有特别的自豪感，对苏东坡更是情有独钟，深入研究苏东坡的人生和诗词作品。我曾向他借了一本苏东坡剪报，而且多次学习。陕西武功县苏武纪念馆竣工后，向全国征集大门前对联。苏老师得知后，非常兴奋，怀着对苏武的敬佩和作为苏氏一员的自豪感，特地为该馆创作对联。他的对联“思昔日威名扬匈奴功德昭大汉，看今朝节操留胜迹浩气贯长虹”受到评审专家的一致好评，成为纪念馆大门三副对联之一。这是苏老师的荣耀，也令我们为之欣喜！

《清欢集》是苏老师清心为文、乐享天伦的真实写照。如今，他是我们普宁坚持业余创作时间最长的老作者之一，他的为人处世都值得我们后辈学习。我为有缘结识苏老师而感到荣幸。正是：清心华章就，欢室豪气来！

仁义信达　积功兴业

——记兴文校友许小尖

2015 年，屠呦呦荣获诺贝尔生理学或医学奖，该奖是中国生物医学界迄今获得的世界级最高奖项。在接受颁奖前，屠呦呦做了题为“青蒿素的发现：中医给世界的礼物”的演讲，强调自己的研究成果得益于《肘后备急方》的启发，通过改变提取药物的方法，进而名扬天下。在此之后，“葛洪”“罗浮山”等进入更多人的视野。无独有偶，在罗浮山边的龙门县，许小尖祖承中医药研制秘方，利用罗浮山得天独厚的优越自然环境，创造出许为禄真元养生酒。

一、率性多才　自强不息

十多年前在广州的一次校友会上，我第一次认识许小尖校友。当时他轻轻地递上名片，简扼地自我介绍：“我叫许小尖，经营好家风纸业，有空多联系。”后来才知道他高中毕业后，便在家帮他父亲经营药店。时间的浸润，让他对中医药理有了深刻认识。然而，潮汕人喜欢做生意的思想也影响着许小尖，于是他便改行做起了服装生意。俗话说“你若盛开，蝴蝶自来”，许小尖通晓博达，处事精明，得到了立白董事长陈凯旋的高度认可。两人交谈甚欢，相见恨晚，一拍即合。许小尖帮助立白公司在东莞做经销，一炮打响，销量大增；在拓展江西市场上，也以惊人的才干和先进的销售理念一炮而红！

作者（左三）与许小尖校友（左二）合影

二、积极入世　初心不移

许小尖是个富有情怀、勇于拼搏、锐意进取的人，凭借敏锐的眼光及对市场独到的认识，自己出来创办好家风纸业。中医“悬壶济世、泽被天下”的思想一直影响着许小尖，以至于他做什么事情都力求至真、至善、至美。他坦言，让人们用上放心的好纸，才是他成立好家风纸业的不竭动力。于是，好家风，好品牌，树了起来，家喻户晓。然而，当好家风纸业风生水起时，他意识到，纸再好，却无法保健养生，更别说防治疾病了。于是，积极入世的他便把企业给了兄弟经营，自己又尝试探索一种能为大众健康服务的养生药酒。

许小尖的父亲许为禄是一位医术高明的中医，生于 1935 年，为清光绪年间普宁名医许大来之曾孙，得家传医术，远近闻名。许小尖少年精勤，姿性不群，自幼便在他父亲的影响下熟读医书，高中毕业后还参加大专函授，他对药酒研究更是情有独钟。然而生为长男的许小尖也意识到，以一己之力难解众患，国医之道在于效法自然，在于治未病；行医最佳之法在于防而非治。让民众不得病，少得病，方为长久之良策。时值古稀之年的许为禄老先生宽慰于儿子有此般情怀，于是倾尽毕生之所学，携许小尖再度研读《易经》《黄帝内经》《神农本草经》，结合家传秘方，历经数年精心研制，便有了许为禄真元养生酒。

三、悬壶济世　益泽万家

药酒在我国历史悠久。传说唐太宗李世民，得益于魏征研制的御酒，长期饮用，体健心明。宋太祖赵匡胤得到此秘方，不仅自己饮用，还把方子传给弟弟。不仅皇家，平常百姓也常用到药酒。同仁堂原来的虎骨酒，现在的壮骨酒驰名中外；原汕头的长春药酒也得到许多人的青睐。这些药酒，都因在防疾治病、强身健体、养生固本上有着卓著的功效而造福于世人！

真元酒以补充人体真元为主功，真元乃肾中精气，而肾为人体先天之本，故真元足，则百病难侵。许为禄真元酒，在防病强身方面有一定功效。

该酒一面世，可谓泽润万家。许小尖一同学受胃痛困扰，偶然一次共聚，谈起症状，在许小尖的建议下当晚喝了许为禄真元养生酒，第二天胃痛便有所缓解。这让他的同学感到十分惊喜，欣喜之下还买了很多送给朋友。许小尖的一个亲戚因痛风卧床不起，许小尖知道后，便寄去真元酒让他喝。过了一段时间，打电话去询问效果，才得知，那个亲戚因为医生说此病不能喝酒，所以不敢喝。许小尖劝说道：“既然吃药没改善，就试试看吧。”该亲戚喝了几天后病痛减轻，能下床走动，一星期后能下楼走路，激动地打电话道谢：“没想到真元酒有这么神奇的效果。”2015 年兴文教工篮球队夺普宁市冠军后，到广州与校友进行联谊赛，许总送给每个教工队员一箱。大家喝了都感觉很舒服，在消除疲劳方面效果明显；偶尔爬山的兴文中学老师，在登铁山后喝点真元酒，第二天酸痛感就消除了，这也是因为真元酒有舒经活络的功效。

药酒行业，鱼龙混杂，让人无所适从。许小尖秉承好的家风，让人用上放心好纸；看到许多人受生活压力、环境以及食物的影响，处于亚健康状态，为让大家远离疾病、精神饱满地工作和生活，他研制真元养生酒，益及众人；他心系母校，出资印校报，赞助文艺会演，奖励十佳老师，可谓仁也！他把风生水起的好家风纸业让兄弟运营，兄弟情深，胸怀之广，可谓义也！他信守诺言，离开立白集团后自己创业，坚决不做相同业务，避免抢走立白客户资源，靠真本事创业，这可谓信也！仁者无敌，义者高远，信者可达，许小尖校友是一位真性情的人，人格如金，立己达人，不仅拥有思想的力量，也具有人格的力量，是一位让人敬佩的达者。

近期，欣闻中央电视台《匠心》栏目正在制作许为禄真元酒专题节目，许为禄真元酒也在前海顺利挂牌。期待许为禄真元养生酒成为许多人健康的好朋友！

兴文中学 75 周年校庆，许小尖校友（中）上台领奖

景如画　花醉人

新年第一天，相约到鲘溪乡。对普宁第一高峰峨眉嶂所在的鲘溪乡，我向往已久。友人多次推介，但一直未能前往。今年普宁市梅花旅游节前，网上有多篇介绍鲘溪的文章，更是让人神往。

鲘溪乡地处普宁西南部，距市区50多公里。鲘溪原始神秘，重峦叠嶂，林木葱茏，山清水秀，生态环境优美。核心景区有普宁首峰峨眉嶂，千年古刹圆通庵，高山云雾中的“峨眉嶂知青茶场”，怪石林立的“石公嫲”石林，水柔石奇的“九龙湾”，峡深瀑奇的“山鹰岩”，宛若仙境的万亩梅园，源远厚重的“司马第”和“吉康古道修路志”。

我们从流沙出发，经过高埔、大坪，蜿蜒曲折的山路直达圆明村上的圆通庵。圆通庵位于普宁鲘溪岭峨眉嶂山上，由岐石庵主梅峰公始建于宋末元初，至今已有七百多年历史，前曰圆潭仔庵。明嘉靖四十三年（1564年），萍乡县令元谦公改建，取其清净无滞之义，名曰圆通庵，自古以来，香火旺盛，是粤东佛教朝拜圣地，俗称“半天娘”，也称“小西天”。听说创建者为陈氏梅峰公，更增几分亲切。据住持释仁修法师介绍，通过长久的协调争取，前不久修通了上山的水泥路，现正在重建寺院，因没向外募捐，资金主要靠善缘筹集，时间较难把握。从这里环顾四周，层峦叠翠，美如画卷！

从庵上下来，在圆明村前就看到一片梅花盛开的树林，大家纷纷选择不同角度，拍照欣赏，并及时上传网络，让更多的人知道，以便前来观赏。继续前行，又看到更大片的梅林，其中在路边的一棵，高大挺拔，满树梅花，娇艳迷人。开车再走一段，梅树更多，梅花尽开，满天白雪，看醉了眼。比人更为兴奋的是蜜蜂，成群结队，争分夺秒地为人们酿造更多的蜂蜜！

这几天元旦假期，有些人去看梅花，有时走错了地方，看不到，或者看得少，有点扫兴。有些人也是走鲘溪线，但看到路两旁的梅树，还满是光枝，就打道回府，这不免有点可惜。不经一番寒彻骨，怎得梅花扑鼻香。圆明村上的梅花之所以先开，主要是因为地势高，气温低，它们比别的树早经风霜，所以绽放得更早，成为人们追逐的偶像。正如习主席说的：幸福都是奋斗出来的！花如此，人亦然！

鲘溪有美景，更有美食。不仅招牌菜——猪肉咸菜让人直流口水，还有走地鸡、山坑鲶鱼、坑螺、豆腐，以及村民自种的菜，地道自然，别有滋味。

鲘溪乡资源独特，但在旅游开发上还没有做到位。比如白色梅花，有点单调，能否考虑种植不同颜色的梅树，争奇斗艳；梅花季节性强，也可考虑在不同地段，规划种植不同的果树，使之四季花开，游客常来；同时果树下种花或蔬菜瓜果，带动亲子游。

令我们惊喜的是，竟然在途中偶遇两批新老同事和一些朋友。真的是“莫道前路无知己，人生何处不相逢?”生活即风景，珍爱生活，你就会遇到美。当你用心尽力、发光发热、惠及他人时，你也是一道亮丽的风景！

心之所向　无问西东

对于清华大学，我一向充满敬仰之情，曾多次前往参观拍照，并有幸聆听过施一公副校长的讲座，感受名师魅力，更是让我难以忘怀。看了最近火热上映的以清华大学校歌歌词命名的电影《无问西东》，令人震撼的是电影的情节，许多人看了不禁潸然泪下，而且还想再去看看。现将几点感想与大家分享。

一、读你所读

在那曾遭受日军炮火猛烈轰炸而千疮百孔的中国大地上，屹立着一座中国教育史上不朽的丰碑——西南联合大学，那里汇聚着中国最优秀的学子。电影中令人印象深刻的两处画面，一处是在陋室之中，老教授的话语因暴雨突至而难辨。他最终不再尝试授课，而是于讲台处泰然就座，黑板上写着四个赫赫大字："静坐听雨"。一处是日军来袭，全校师生从容撤离，在山洞里支起黑板，高吟《楚辞》与泰戈尔的诗，任凭炮火轰鸣，我自静心求学。两组画面，直抵人心，勾勒出一代文人风骨。

他们无畏生死，守着千年积淀的文化命脉，共赴国难，在雨声和炮声中，仍静心于所读。在沈光耀推开窗户的那一刻，学生在体育老师马约翰教授的带动下跑出血性的场景，同样令人起敬。在那样的环境下，还培养出杨振宁等中外闻名的大家。

电影里的他们，在最好的年纪，遭受了最残酷的考验，却成就了永不褪色的青春传奇。正在读书的同学，当你们看到他们时，是否也会热血涌动，是否应该努力去成就真我的风采？你们的每一次努力，都会有一次惊喜等着你们。要是有个万一，考上清华，会让幸福来得太突然！

二、爱你所爱

爱自己所爱，一往无前，是将人物塑造得最为丰满的精神魅力。就拿陈鹏来说吧，当他爱上如花一样美丽的王敏佳，他的心已经找到了归属。他为她点灯熬油刻印章，一刀一刀，把满心柔情刻进她的名字。他为了她，不顾众叛亲离，跨过千山万水，也要握住她冰冷的手。他爱得那样深沉，足以托起她下坠的灵魂。归乡途中，让他牵肠挂肚的王敏佳，早已整点行囊，向他的方向前行。她裹着面纱，不辨容颜，心有所爱，仅一个背影就楚楚动人。她曾被虚假的背叛所摧毁，又在真实的托举中重生。那个人成为指引她前行的光。“陈鹏，上一次我以为我死了，醒来看到的是你。这一次，在死亡来临前，我一定要找到你。”

对一个人倾心相爱，不管条件多么残酷，也初心不改，真的令人心生敬意。

而另一个爱的代表刘淑芬，从她支助许伯常老师上大学，看到倒在血泊中的王敏佳而崩溃跳井，可知她其实是个好人。然而，善意终被践踏，真心终被辜负。最让人痛心的，要属刘淑芬绝望的爱情。丈夫深情不复，夫妻名存实亡，她却沉溺在过往的感情里不愿醒来，不惜捕风捉影，肆意发泄，也不愿承认这段爱情的夭折。她的偏执，险些害死一个无辜的女孩。她无法面对现实种种，唯有以死解脱，如此悲惨，令人惋惜。

她没想到，有点不讲道理的执着的爱，已经伤透了一个男人的自尊，达到水火不容的地步。仅仅有爱是不行的，还要善用所爱，把爱变成感动，而不是伤痛。这一点，中国航天之父钱学森和声乐名家蒋英可说是楷模。钱学森说：“在我对一件工作感到困惑百思不得其解的时候，往往是蒋英的歌声，使我豁然开朗，得到启示。”高山流水，这是科学与艺术的完美结合。

三、行你所行

空军教官的一句“这个时代缺的不是完美的人，缺的是从心里给出的真心、正义、无畏和同情”，让沈光耀下定决心，不顾母亲的严词反对，毅然加入空军。沈光耀，出身名门，俊逸不凡。他身上流着三代五将的血脉，家族却只愿他于乱世中明哲保身，安稳求生。可是他扪心自问，青春的热血是那样滚烫。

硝烟下，他瞒着家人投笔从戎，为了守护脚下的土地，驾机撞向敌军战舰，在爆开的火光里，消失在呼啸的苍穹深处。他说的最后一句话，是用家乡话向母亲诀别：“妈，对不起。”国难当头，浩气长存。

清华毕业生张果果，在快节奏的广告圈摸爬滚打，西装革履，英气逼人。他忙于为奶粉公司写提案，期间认识了四胞胎的父母，给了他们希望，却最终输掉了提案，无法兑现自己说过的话；被迫做好事，甚至想要回避。当他父亲在李想叔叔的墓前说希望他“做自己喜欢的、开心的事”后，他终于放下世俗的规劝，直面内心的温暖。

当他在四胞胎的房间里为窗户装点色彩时，他是快乐的。和这一刻的快乐相比，世俗是什么，真的不重要。

四代人，跨度一百年，共同推进了时代的进程。他们用不同的时代语言和行为，诠释和演绎了“真实”。读你所读，爱你所爱，行你所行，听从你心，无问西东。

李芳芳导演的这部电影，不仅是百年清华的赞歌，也是对清华精神，甚至是大学精神的弘扬，更是对时代精神的礼赞。

忽然出现一个念头：十几年后，有些人兴之所至，拍一部无愧斯文的电影，也许会讲到你。

万古不磨意　中流自在心

饶宗颐教授，高山仰止，我对他敬仰有加！他能为兴文题字，我更倍感荣幸！

国学泰斗饶宗颐

饶宗颐出生于潮州的大富之家，其外祖父为清末进士，父亲饶锷为当地知名的考据学家、工商金融界名流，几代皆为潮州首富。

饶家不仅富甲一方，家学渊源更是深厚。早年毕业于上海法政大学、喜爱西洋建筑的饶锷，在家乡建起了潮州最大的藏书楼——天啸楼，藏书十万余卷。受父亲影响，饶宗颐时常浸泡在此，读书玩耍之间，文史典籍早已烂熟于心。

潮州首富之家，按理似乎可以造就出一个玩物丧志的公子哥。但饶宗颐凭借书香名门，自学而成一代宗师。他是当代中国百科全书式的古典学者；其茹古涵今之学，上及夏商，下至明清，经史子集、诗词歌赋、书画金石，无一不精；他贯通中西之学，甲骨敦煌、梵文巴利，希腊楔形、楚汉简帛，无一不晓，人谓“业精六学，才备九能，已臻化境”；他与钱钟书并称“南饶北钱”，钱钟书称他是“旷世奇才”；他与季羡林并称“南饶北季”，季羡林说他是“我心目中的大师”；金庸说“有了他，香港就不是文化沙漠”，学术界尊他为“整个亚洲文化的骄傲”。2011 年南京紫金山天文台将发现的一颗小行星命名为“饶宗颐星”。

饶宗颐曾写过一句广为人知的诗句：“万古不磨意，中流自在心”，以表明自己的人生态度和追求。他解释，“万古不磨”，就是中国人讲的“不朽”，即立德、立功、立言“三不朽”；“自在”“中流”，在水的中央，说明有定力，有智慧，有忍耐，就是要保持一种自在的心。

饶宗颐精通古琴，善于诗赋，书画作品更是清逸飘洒，自成一家。书法方面，植根于文字，而行草书则融入明末诸家豪纵韵趣，自成一格。年岁日长，他的书画作品越来越精到，已经呈现出一种与前人全然不同的风貌。有人评价，经过半个多世纪的磨炼，师古人，师造化，得心源，他在技法上已经从心所欲不逾矩，而他的性情与人生观，也圆通无碍地融在书画中。2011 年，饶宗颐担任西泠印社社长，这个职位已经空缺了几年。

2008 年的一天晚上，陈灵川老师和陈裕波前来喝茶，谈到重建的兴文楼要请谁题字，我说能找饶宗颐教授最好。说者无意，听者有心。几天后，陈老师打来电话，说占陇书店原林经理跟饶老的弟弟是好友，学校可写邀请信和简介，托他带去。但经打听后才知道，饶老的弟弟不久前已去世了。陈老师又想起陈廷武校友的同学、汕头文史馆原馆长陈德鸿校友。联系后到汕头拜访他，他说跟饶老虽认识，但不是很熟，若请政协原主席刘峰出面更好。他们一起拜访了刘主席，刘主席爽快地答应了，并打电话给饶老。接听的是饶老的女儿，她说饶老不久前身体不舒服，已经封笔，很少写字了。刘主席说把电话给饶老接听一下，饶老一听是刘主席，兴奋地说，“好朋友，几年不见了，很想念啊”。一听说是给学校题字，饶老说：“兴文是名校，但已经有于右任题字，而于右任名气比我还大，不必了吧。”刘主席跟他说于右任的题字原迹已找不到，请饶老这位家乡人写更有意义。饶先生听后欣然接受，并题写“兴文中学”和“兴文楼”两幅墨宝，为 75 周年校庆增光添彩，让洋韵典雅的兴文楼更加熠熠生辉。

饶宗颐题写的“兴文中学”和“兴文楼”

我们到潮州饶宗颐学术馆，馆长拿出墨宝拍照存档，对“兴文中学”几个字赞美有加。有一个潮阳人，在广汕公路经过兴文路口时，看到兴文路牌是饶老题写的，还特地来学校看看。兴文楼落成庆典时，下寨村陈坤进书记说“兴文楼”三个字写得很好！2009 年校庆前，陈徐生校友邀请北京书画家蔡勇到学校挥毫，题了很多墨宝。在准备收笔时，我们跟他谈到饶老，并拿出饶老的墨宝给他一看，他非常兴奋，又写了几幅。还说他的书斋“觅源庐”已有启功大师题名，若得饶老题字，将更难得。

2014 年，香港大学“饶宗颐学术馆之友”会长陈文洲校友邀请饶先生为兴文建校 80 周年题写“培育英才”墨宝。得到国学泰斗三幅墨宝，是兴文之福。相信同学们每天见到兴文楼饶公的题字，会肃然起敬，兴致勃发，无愧斯文！

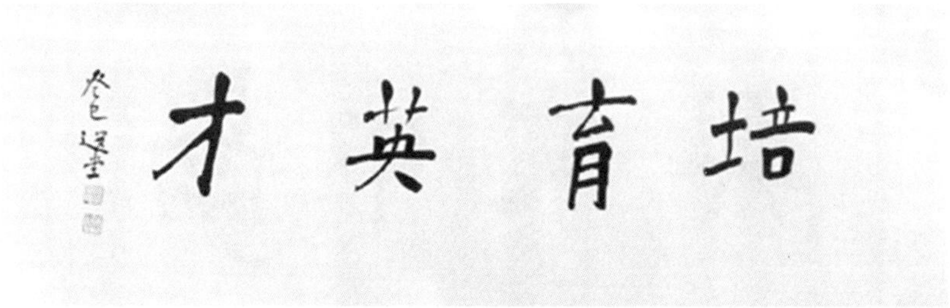

饶宗颐为兴文建校 80 周年题写的“培育英才”

世上再无饶宗颐，天上又多文曲星！文化学者许嘉璐说：“一千年后，就像人们谈杜甫、李白那样谈到饶公。”

正是：

饶有兴致自在游，
宗迹遍布砥中流，
颐志不磨万古意，
公为泰斗千年求。

感受北京“高大尚”科技教育

2017 年 9 月 19 日，我们步入北京景山学校，参加北京市学生金鹏科技团评审工作。评审先由各校介绍做法，接着专家点评提问，团队补充说明。通过本次会议，我们对五所学校的科技教育成果感到十分震撼，可以说真的是“高大尚”。

首先是“高”，水平高。五所学校的科技教育都有普及和特色项目。科技教育多姿多彩，在普及中提高，着力培养一到两个特色项目。如二十七中模型分团，从车模到海模，不断提升；景山学校的天文社团，十分耀眼；166 中与美国冷泉港的合作研究，国际化合作更是得到专家的赞许；六十五中主攻电子与信息，建立电子创客站；五中的生命科学、葡萄酒的制作别有新意。每个学校特色科教水平之高，超出我们想象。这得益于高端引领。很多学校与清华、北大等名校有机对接，如 166 中学高一的冰心文学特色班和生命科学实验班走进清华，参观校园，感受清华的厚重，同时还可每两周到清华聆听名师的前沿讲座。东城区百名专家进校园更使名师引领落地生根，甚至北大、清华的副校长也到学校做讲座。

其次是“大”，大投入是保障。比如北京景山学校，改造天文观察设备的投入就超过一百万元，去年投入科技教育的资金达四百多万元。166 中还派科技骨干教师到美国接受培训。这些投入得到当地教委的大力支持。大空间是关键。学校社会实践基地空间之大令人惊叹。高校基地、天文台、博物馆、海军基地，尽展所长，让学生大开眼界。

再次是“尚”，科技教育与社会时尚无缝对接。无人机、三 D 打印、北斗导航、生命科学研究等，引领社会风尚和前沿科技。

跟这些学校比“高大尚”，我们还有很大距离。正如林格教授所说：“教育者善用智慧，凭借一颗慈悲心，走着走着，花就开了。”多年来，兴文中学结合实际，探索乡镇学校“低平巧”的科技教育：没专业教师就找兼职教师，派出参观培训，短期提升。从社会实践活动、社会调查入手，撰写科研论文屡获国家级、省级奖励和表彰。科技创新团队参加广东省青少年科技创新大赛获一等奖1项，二等奖20项，三等奖24项，“潮汕星河奖”12项，是揭阳市获奖最多的学校，也是揭阳市首所“广东省青少年科学教育特色学校”；2012年、2014年、2015年，学校共获得3个“广东省青少年科技创新大赛优秀组织奖”；2014年，在第29届全国青少年科技创新大赛中，学校荣获“全国基层赛事优秀组织单位奖”；2015年7月，学校在全国第十九届“七巧科技”系列活动中被评为“优秀组织单位”；2015年，学校再次被评为“广东省青少年科学教育特色学校”；2017年10月，学校在全国创意结构搭建邀请赛中勇夺高中组团体赛二等奖1项，个人赛一等奖和三等奖各1项。2017年8月，学校科技创新引领者陈东伟老师获得“潮汕星河辉勇师表奖”。2017年10月，学校荣获“2018年‘科普中国’落地应用e站”称号（揭阳市首所）。

人之所以能，是因为相信能。只要我们带着对教育的满腔热情，勇于担当，善迎挑战，科技之花定能靓丽绽放！

雅　怀

掌握演讲技巧 展现自我风采

——桥柱中学校本教材《中学生演讲入门》序

舌头就像一把利剑，演讲比打仗更有力量。

演讲理论和演讲技巧在国际上早已为人们所重视。美国前总统林肯说过，如果给他两分钟的时间，他就能通过演讲征服那些对他怀有敌意的人。在中国，有文字记载的演讲活动早在商周时代就已开始，在春秋战国以及其他历史时代，不少名人因能言善辩、妙语连珠，被人们公认为演讲家。战国时苏秦凭借三寸不烂之舌，游说六国，身挂六国相印，促成合纵抗秦联盟。三国时诸葛亮“舌战群儒”联吴抗曹，尽展口才魅力，令人叹服。有口才者必是人才。演讲已成为现代人必须具备的重要能力。它能展示你的风采，体现你的人格魅力，帮助你达到人生理想的目标。

中学生具备良好的演讲能力可以增强自信心，恰当地表达自己的观点，给人留下深刻的印象，使自己在竞争日趋激烈的社会中更具有竞争优势。人的演讲才能不是天生的，可以通过训练不断提高。我校高度重视对学生演讲能力的培养，通过举办讲座，举行演讲比赛，刊登、播放优秀演讲稿等方式培养学生的演讲能力。为使我校学生更系统地学习演讲知识，掌握演讲技巧，提高演讲能力，欣赏演讲艺术，我校杜文波、陈映丽、钟宵双、陈国栋四位老师借鉴了理论界的研究成果，吸取了他人成功的经验，结合自己心得和我校实践，编写了我校第一本校本教材——《中学生演讲入门》。本书介绍了什么是演讲、如何学好普通话、怎样写好演讲稿、如何提高演讲技能、演讲成功经验等演讲知识和演讲技能，并选取一些演讲名篇和我校部分优秀演讲稿供同学们参考学习，力求通俗易懂，深入浅出，有较强的可读性和实用性。我们坚信，同学们读了本书之后，对演讲会更有兴趣，对学好演讲会更有信心。我们期待：心态积极、自信主动、才思敏捷的小演说家风采将在你身上展现。

本书在编写过程中参考了许多图书资料，特在此对原作者表示衷心的感谢。编写校本教材是我校一种新的探索与尝试，鉴于编写水平的限制，不足和错漏之处在所难免，敬请广大读者给予指正。

兴文中学定期举行主题演讲比赛

超越今天　赢在明天

——《桥柱中学校报》创刊词

三月校园，春暖花开，祥羊开泰。由肇庆市市委副书记陈文敏校友题写刊名的《桥柱中学校报》出版了！这是令桥中人激动、奋进的喜事。校报是师生展示才华的舞台，是校园文化的缩影，是了解桥中的窗口，是总结经验、交流心得、联系情谊的桥梁。

铁峰苍翠，练江水长。桥柱中学创办于1958年，近半个世纪以来，莘莘学子，英才辈出，桃李芬芳。近几年来，学校在市、镇和桥柱所属各村党政、热心人士的大力支持下，扩大校园面积，兴建教学大楼、教师宿舍楼，配套运动场地，环境优雅，设施齐全，师资配套。悠久的历史，深厚的积淀，骄人的成绩，激励师生奋力拼搏、开拓创新。学校秉承优良传统，以“敦品、笃学、励志、进取”为校训，致力于校园文化建设，精心设计“品”字形的花园，教育引导师生“品”字当先，以高尚情操和健康人格作为精神支柱和内在灵魂。

“追求卓越、崇尚一流”是学校的办学理念，“高质量、有特色、创一流”是学校的奋斗目标。为实现这一奋斗目标，学校积极探索“四重”育人模式，即重做人、重兴趣、重能力、重发展。以学会做人作为学校德育工作重点，从尊重人、关心人、真诚与人相处、与人为善入手，教育引导学生学会做人，做“四有”新人；教学上注重激发学生学习兴趣，培养学生学习热情；注重学生学习方法的指导，提高学生学习能力，着重培养学生思维能力，激发学生创新能力；注重学生全面发展和可持续发展，适应社会需要。强化质量意识、竞争意识、发展意识，优化学校管理，向管理要质量；充分调动教师积极性，让教师敬业爱岗，乐教善教；令学生积极进取、勤奋拼搏；出现校风好、教风正、学风浓的喜人局面，教学质量不断提高。中考上二中线的人数三年持续上升，从2000年的13人到2001年的18人，2002年更以31人的优异成绩，破学校历史记录。

教育是面向未来的事业，只有超越今天，才能赢得明天。在知识经济大潮中，桥柱人凭借远见卓识，发扬重教尚学的良好传统，成立桥柱铁峰奖学基金会，一呼百应，筹集资金超百万元，奖教奖学，激发铁峰子孙，奋发成才，光耀乡梓。2001年，在桥柱铁峰奖学基金会倡议下，成立学校董事会，希望通过多形式、多渠道宣传发动，筹集资金，进一步扩建校舍，修建礼堂、科教楼、教师宿舍楼、食堂、400米标准跑道，力促学校上档次，实现一流中学目标，使学校办学步入新的台阶。

我们坚信，有各级党政领导的重视，有董事会、校友及社会热心人士的大力支持，有师生的共同努力，桥柱中学定将再创新业绩，再造新辉煌。

奋斗显骨气，成功展豪情！愿校报点点墨香伴随着桥中人不懈的追求和努力。

（本文2003年3月发表于《桥柱中学校报》创刊号）

兴读好书酬壮志　文写佳作抒豪情

——《兴文校报》创刊词

金秋校园，丹桂飘香。由著名书画家、江西书画院原院长吴齐校友题写刊名的《兴文校报》出版了！这是令兴文人激动、奋进的喜事！校报是师生展示才华的舞台，是校园文化的缩影，是总结经验、交流心得、联系情谊的桥梁，是外界了解兴文的窗口。

兴文中学校报

兴文中学位于普宁市东南部，铁峰之南，练水之滨，是普宁市副点中学。学校创办于 1934 年，历史悠久，底蕴深厚，校友众多，遐迩闻名。现代著名教育家许宜陶任学校首任校长，于 1936 年创办《兴中》月刊，为抗日救亡鼓与呼，他倡导的“我是中国人，我爱中国；我是兴文生，我爱兴文”激励了一代又一代兴文人的爱国爱校情怀。辈辈名师，诲人不倦，代代学子，奋进追求，积极向上，薪火相传。今年是首任校长许宜陶 100 周年诞辰，学校于 10 月 15 日举行“学习宜陶校长，弘扬兴文精神”纪念活动，发扬兴文优良传统，汇集兴文人心，更好促进学校发展。

拳拳学子意，浓浓兴文情。兴文已走过 72 年的光辉历程，地灵人杰，英才辈出。兴文生不仅有志气、有能力，而且敬师长、爱母校，情系兴文，关注兴文发展。原普宁县政协主席、副县长，兴文中学董事长陈特就发动中国香港、泰国、新加坡的校友、乡亲捐资兴建了教学大楼、两幢教师宿舍楼、新校门，他现已 80 高龄，仍为兴文奔波操劳；华南师范大学党委书记杨文轩校友向省教育厅申请拨款兴建学生宿舍大楼；江西书画院原院长吴齐教授多次捐赠书画，又应母校之邀欣然挥毫题写《兴文校报》刊名；深港校友会校友想方设法，积极筹资重建兴文楼；广州校友捐赠电脑改善学校办学条件；汕头、普宁校友会也关心支持兴文的发展；76 届校友离别母校 30 年，于今年 7 月 20 日回校观光，捐赠母校 5 万元……一个个感人的故事，一个个动人的壮举，不仅是校友的光荣，也是兴文的自豪与骄傲。

社会在进步，兴文在发展。学校以“办好初中，做强高中，创办优质品牌学校”为奋斗目标，弘扬“自强不息，志在一流”的兴文精神，积极探索德育新法，以“优秀做人，成功做事”作为德育工作重点，开展孝心教育、爱心教育、礼仪教育、理想教育，引导学生尊重人、关心人、明礼仪、有理想，做一个品格高尚、奋发有为的兴文人。积极开展“弘扬对联文化，打造诗书校园”课题研究，编写《中学生对联入门》校本教材，更好地指导学生学习中华传统文化，增强诗书底蕴。为适应日益激烈的竞争，学校强化质量意识、竞争意识、发展意识，优化学校管理，向管理要质量，充分调动教师积极性，教师敬业爱岗，勤教善教乐教，尽心尽力尽责；激发学生学习热情，学生积极进取，勤学好学善学，为校增光添彩；出现教风正、学风浓、校风好的喜人局面，教学质量蒸蒸日上。2006 年高考上本科线 61 人，比普宁市教育局下达的 38 人任务超出 23 人，上专科线 247 人。近年来，借全市加快发展高中教育的东风，各级领导高度重视兴文的发展，投资兴建综合教学大楼，每年调拨一批充满朝气和活力的教师充实教师队伍，改善兴文的办学条件，提升兴文的办学品位。学校多次被评为市“文明学校”和“优良校园”。

兴读好书酬壮志，文写佳作抒豪情。在各级党政的领导下，有校董会、校友及社会热心人士的大力支持，有师生的共同努力，兴文不仅有辉煌的过去，而且有美好的未来。让我们多读好书，多写佳作，同酬壮志，共抒豪情，办人民满意的教育，创办优质品牌学校，让普宁东部学子就近享受优质教育。愿《兴文校报》伴随兴文人不断的努力与追求，营造师生理想的精神家园，再塑兴文名校魅力，再现兴文名校风采。

（本文 2006 年 10 月发表于《兴文校报》第一期）

飞扬吧　兴文人

——《兴文人》创刊词

瑞鼠迎奥运，圣火耀五洲。五月校园，绿树荫浓，红霞掩映，书声琅琅，笔墨飘香。借奥运雄风，《兴文人》迈着矫健的步伐走来了。

兴文中学位于铁锋之南，练水之滨，栉风沐雨七十余载，伴随历史变迁，兴文人始终铭记："我是中国人，我爱中国；我是兴文生，我爱兴文。"爱国心、爱校情激励每一位兴文人以立志、修身、为民、思国为己任，光荣与梦想伴随着一代又一代兴文人不断成长。

忆往昔，峥嵘岁月。首任校长许宜陶于抗日时期出版《兴中》月刊，为抗日救亡鼓与呼，兴文被誉为"普宁抗日救亡运动的摇篮"。62届陈传誉夺取普宁高考理科状元，88届李源鸿进北大，1999年陈凤娜中考勇摘桂冠。政坛精英，科教俊彦，商界巨子，名流济济。兴文名扬潮汕，誉满海内外。

看今朝，描绘蓝图。学校以"明道笃行"为校训，以"让学生成才，让教师成名，让学校成功"为办学理念，以"办好初中，做强高中，创办优质品牌学校"为目标，弘扬"自强不息，志在一流"的兴文精神，抢抓机遇，谋求发展。兴建学生宿舍楼，设置高考考场，重建"兴文楼"，不断提升兴文办学实力，增强兴文竞争力。

"雄关漫道真如铁，而今迈步从头越。"兴文光荣的历史，我们自豪；兴文美好的未来，我们创造。打造优质品牌学校，让传统名校再现魅力。与时俱进，解放思想，敢为人先，争创一流的兴文人，在时代大潮中勇做弄潮儿！一代代飞扬的兴文人发扬兴文人崇德善文、文以载道、文道相济的优良传统，探索兴文人奋进之路。

《兴文人》创刊了，请大家精心呵护，细心浇灌，同时也请大家多观察，善思考，乐创造，使《兴文人》成为兴文的窗口、师生展示才华的舞台和理想的精神家园。

飞扬吧，兴文人！飞扬热情，飞扬青春，飞扬理想！

飞扬吧，兴文人！激扬文字，挥洒豪情，书写历史，创造未来！

兴文中学校园一角

敬往思来　荣耀兴文

——《兴文人·校庆特刊》刊首语

火红十月，丹桂飘香。恰逢共和国六十华诞，兴文中学喜迎七十五周年校庆，与国同庆，欢聚兴文，自豪的兴文人喜不自胜。

回首七十五载，革命摇篮，英才辈出。1934 年，乡绅陈益斋于铁峰之南，练水之滨，创办兴文中学。此乃兴学宝地，人杰地灵。首任校长许宜陶，倡导“我是中国人，我爱中国；我是兴文生，我爱兴文”的精神，激励兴文人抗日救亡，报效祖国，勇为英雄。木棉花也叫英雄花。兴文以英雄花为校花，旨在学习英雄，崇尚英雄，形成“自强不息、志在一流”的兴文精神。“自强不息”是奋斗精神，指兴文人奋发自强，不屈不挠，永不休止，自我完善，增强实力，不断超越，生命不息，奋斗不止。“志在一流”是指进取精神，志存高远，永不服输，不甘落后，锐意进取，奋勇争先，创一流校风，争一流佳绩，培一流人才。在兴文精神激励下，兴文教师敬业乐业，享受教书，乐在其中；兴文学子，好学乐学，幸福成长；兴文校友干事成事，奋发有为，奉献社会，感恩母校。正是兴文精神的代代传承，学校创办至今，办学业绩卓著，深受各级领导肯定，社会各界好评，广大学生欢迎。校友中不乏政坛精英，科技俊彦，商界巨子。

兴文楼，兴文人，兴文情。兴文楼是兴文中学的象征和辉煌历史的见证。这里曾是革命的摇篮，更是学子圆梦的地方，造就了一大批英才；这里是兴文学子美好的回忆，是众多兴文校友的自豪和骄傲。兴文楼凝聚着兴文人的兴文情，兴文学子以爱国爱校为己任，事业有成，利在己，益在校，功在国。兴文人以回报母校、关爱母校为荣。陈特就名誉董事长，几十年如一日，为兴文的发展奔波操劳，堪为校友楷模。新任学校董事会董事长、普宁市政协副主席、市人民医院院长陈阳生为了母校，毅然接力。为促进母校事业的发展，许多校友、社会贤达慷慨捐资，教学大楼、教师宿舍楼、校门、学生宿舍楼、兴文楼等的重建都离不开热心校友、社会贤达的一片赤诚之心。“捐资扬善兴教育，助学培才立功勋”是许多热心校友、社会贤达的真实写照。

喜逢盛世，欢聚兴文。在欢庆共和国六十华诞、兴文喜迎七十五周年校庆之际，我们怀着对先辈的崇敬之情，对校友的感激之心，对师生的激励之意，对兴文未来的憧憬，编写本专辑，敬往思来，荣耀兴文。

时任普宁市委书记杜小洋（中）与学校名誉董事长陈特就（右）、董事长陈阳生（左）亲切交谈

弘扬对联文化　打造诗书校园

——《中学生对联入门》序

对联，俗称对子或联语，又叫楹联或楹贴。对联起源于桃符，形成于五代，广泛运用则在宋代，清代是对联发展的鼎盛时期。对联是中华民族独特的文化载体，是华人文化的鲜明标志，是中华文化的精华。它短小精炼，易学易会，应用广泛。对联要求做到字数相等、词性相当、结构相同、平仄相谐、文字相别、内容相关。好的对联立意要新，措辞要精，对仗要工，意境要美。对联有深厚的文化渊源，融汇了中国传统文学艺术的精华，应用范围很广，适用于多种社会场合。

在学校开展对联教育，引导青年学生欣赏、研究、学习、创作对联，既可弘扬中华民族优秀传统文化，又能增添校园的人文底蕴和诗书氛围，对学生有良好的引导、指示作用，对学生掌握词汇和提高修辞能力、学习音韵、丰富知识、开发智力、培养快速反应能力都有极大的益处，能有效提高学生的语文素养，培养学生的人文精神。近几年语文教材和中考、高考试题中也有与对联相关的内容，学生学习对联更有必要。

我校高度重视对联教育的开展，将它作为打造诗书校园的重要举措。学校不仅邀请专家学者撰写校联，给学生以示范作用，还通过语文课讲解对联知识、开设对联讲座、在《兴文校报》开设“校园联趣”栏目等方式引导学生学习对联文化。为更好地弘扬对联文化，学校把“弘扬对联文化，打造诗书校园”作为研究课题。

吴忠文老师毕业于汕头教育学院，是我校历史教师。年轻的他喜爱文史，潜心研究潮汕文化，有多篇文章在报纸杂志上发表，其作品也多次获奖。他对对联情有独钟，颇有研究。应学校之邀，吴老师编写了我校校本教材《中学生对联入门》。在该书中，吴老师将自己在对联方面的学习心得进行整理，对对联的起源、种类、特点、结构、表现手法、贴法和中学生如何学习对联等方面进行系统介绍，还选取部分励志联和部分潮汕名联、趣联和对联故事，给初学者以借鉴和启示，这更增添了对联的美妙情趣。

我校办学历史悠久，是普宁市传统名校。《中学生对联入门》作为我校校本教材，是我校校本教研的又一突破，也为学校开展“弘扬对联文化，打造诗书校园”课题研究创造了条件。编写校本教材对于我校是一种新的探索和尝试，请老师们潜心为学，发挥专长，编写出更多校本教材，满足日益发展的学校的需要，更好地提高学校档次和品位。

本书知识性、趣味性、地方性和实用性有机结合，浅显易懂，十分适合中学生学习对联之用。相信读者学习后，能够知对联，好对联，乐对联，联联得意。

愿师生认真学好对联，陶冶情趣，愉悦人生。

高中76届同学会捐赠兴文楼大门对联

德泽乡邦　文播千秋

——《万花筒》序言

《万花筒》第四册出版了！

这是一位85岁老者的倾心力作，更是“老有所乐，老有所为，老有所成”的生动写照！《万花筒》其实就是武老师精神品质和人生阅历的缩影。第四册的出版，将使《万花筒》更加灿烂夺目，光彩照人！

我与武老师算是有缘，与他相识、相知已有十多年。他一直在默默地感动着我，激励着我，鞭策着我！这次，他老人家要我为《万花筒》第四册作序，虽觉自己分量不够，学力不深，却又不忍推辞，只能答应，算是一种感恩吧！

我常常在想，能与武老师交好，是我人生中一大幸事，一大乐事。大概与武老交往的人，无论老幼，都有如此感受吧！他是一个可佩的桥柱人，一个可敬的兴文人，一个可爱的中国人；他有伟人之胸怀、凡人之心志，有佛者之慈、儒者之仁、道者之智。他的“大桥柱”精神、“和谐铁峰族人”理念更是让人油然而生崇敬之情！

“高怀捧素月，清风拂浮云。”在这个有些浮躁的社会里，武老师一直坚守着自己的理想信念，淡定自若，深居简出，潜心研学，是一位名副其实的实干家、博学家。《万花筒》的出版，花费了武老师大量的时间，倾注了他大量的心血。从2008年的第一册，到今年的第四册，洋洋数百万字，其间还汇聚了大量图片、史料。《万花筒》的内容正如其名，天文地理、人物风采、社会奇闻、科技书画、潮汕文化、桥柱史料、锦言佳句等，各册各有侧重，各有特色，包罗万象，“杂”而有序，广而有度。该书最可贵的是他以大桥柱精神，尽最大努力，搜集桥柱族人在社会上有影响力和有过奉献的铁峰后裔，把这些优秀子孙推举出来，为乡族添光彩，让更多的人了解到，桥柱是地灵人杰的好地方。特别是在第四册中，他用较大的篇幅，怀念桥柱铁峰理事会前会长、铁峰奖学基金会前会长陈汉坚，为这位德高望重，勤政敬业，赤诚奉献，为兴旺桥柱、和谐乡族做出了重大贡献的长者树立丰碑，让更多的人敬仰怀念。这不仅彰人功，扬人德，颂人言，而且让更多铁峰子孙学人长，立己志，奋发有为。该书的锦言佳句，可启迪人生，引人向上。该书又可作为史料书籍于需要时细心查阅，了解潮汕风俗民情，认知历史典故，增加生活常识，增添生活乐趣。《万花筒》像是一个聚宝盆，不同的读者可各取所需。

武老师编著的书，何止《万花筒》！从著述《科教集萃》，到精心编写十三册《千秋荣誉册》，再到编写《桥柱铁峰恳亲会专辑》与《我爱兴文》等，都留下了武老师忙碌的身影，浸透着这一老者的辛勤汗水。如果没有任劳任怨、实干敢干的“老黄牛”精神，如果没有勤思尚学、追求不止的品质，如果没有博学广闻、精进专修的学识，如果没有大爱至善、感恩社会的情怀，哪能完成如此浩大的“工程”？“盖文章，经国之大业，不朽之盛事”，武老师言播千秋的良苦用心，让我对此言有更深刻的理解，对他更是产生敬仰之情。近年来，武老师还致力于办好“集贤轩”，搜集乡贤俊彦，介绍事迹；陈列各类奇珍古玩、潮汕工艺品等，俨然一个小博物馆，每一个到此参观之人，无不叹为观止。

著名心理学家阿德勒说过：“奉献乃生活的真正意义。”一个快乐的人，并不是他拥有的多，而是他计较的少。武老师正是这样一位无私奉献、不求回报的平民慈善家。他是一位农村中学教师，数十年如一日，将青春与智慧无私地奉献于三尺讲台。他爱生如子，桃李满天下，高尚的人格魅力和无私的奉献精神，使他深受广大学生爱戴，让他成为远近闻名的“全国优秀教师”。在桥柱，有的家庭祖父孙三代都是武老师的学生，这种现象在全国来说，都是少有的。一个受祖孙爱戴的老师是难得的。一说起武老师，学生们无不心生崇敬，怀念当年作为武老师学生的快乐时光。

他还自修医学，精通疑难杂症的治疗，对慕名前来医治的患者，只求医治病人，从不计较诊金、药费的高低。若是遇到贫穷人家，不但免费诊治，还赠送药物，直至康复。武老师并不富足，他生活俭朴，却热心社会公益。每逢桥柱乡内铺桥修路、建校助学、学校庆典，芳名榜上必定有“陈廷武”之名，数额成千上万不等。如遇到因家庭经济困难而学业难继的学生，武老师就热心相助，并发动更多有能力的热心人士一并资助。作为桥柱铁峰奖学基金会秘书长，武老师与陈汉坚会长、陈达光名誉会长等人通力合作，筹集资金，奖教奖学，鼓励学子，奋力拼搏，营造桥柱重教尚学的良好氛围，成效显著，声名远播。十几年来，桥柱人上大专、本科的人数不断增加，硕士、博士应有尽有。

武老师这种慈善为怀的高尚品质，影响、带动了身边的人，一传十，十传千，千传万！这就是善举的力量，这就是生命的意义！

一本本《万花筒》，就像一颗颗善良的种子，撒向人群，撒向社会，在传播知识与文化的同时，也在人们的心中种下了真善美！也愿《万花筒》成为人性真善美的使者，并成为我们的老朋友、好朋友，与我们一起珍惜、共度人生美好时光，做一个有益于家庭、有益于社会、有益于国家的人。“上善若水，水善利万物而不争”，武老师正像那万花筒的朵朵如意花，散发出迷人芳香；正如一本本《千秋荣誉册》，荣誉千秋。

是为序。

2012 年 9 月 29 日

畅　言

与国同庆　欢聚兴文

——在兴文中学75周年庆典大会上的发言

尊敬的各位领导、嘉宾、校友，老师们、同学们、朋友们：

大家好！与国同庆，欢聚兴文。在国庆六十周年之际，兴文中学迎来了七十五华诞！今天，一直关心、支持兴文中学发展的各级领导和嘉宾莅临兴文，历届校友载誉归来，给兴文中学带来了真切的关怀和真诚的祝福。特别令人感动的是，在校庆筹备过程中，各级领导高度重视，各地校友纷纷响应，各界人士鼎力相助，共襄盛典，共绘蓝图。在此，我谨代表兴文中学全体师生，向出席本次庆典的各位领导、嘉宾、校友表示热烈的欢迎和衷心的感谢！向学校离退休领导、老师致以亲切的问候和崇高的敬意！

敬往思来，光辉历史催人奋进。1934年，乡绅陈益斋创办兴文中学。首任校长许宜陶，倡导“我是中国人，我爱中国；我是兴文生，我爱兴文”，激励兴文人以爱国爱校为己任，积极投身抗日救亡运动，学校被誉为“普宁抗日救亡运动的摇篮”。承圣贤薪火，继前哲遗风。历任领导、老师在兴文这片热土上挥洒青春汗水，传承着令人敬仰的人格魅力和严谨的治学精神；兴文学子，好学乐学，屡创佳绩；兴文校友，干事成事，奋发有为；各级领导、各界朋友、校董会和广大校友对兴文的热情帮助，推动着兴文一次次跨越式发展。七十五载，英才辈出，誉满潮汕。深厚的底蕴，优良的传统，给兴文人以强烈的自豪感，激励着兴文人开拓进取，谱写新篇。

科学发展，办学成果振奋人心。近年来，学校秉承“自强不息，志在一流”的精神，确立“让学生成才，让教师成名，让学校成功”的办学理念，致力于培育精良师资，精心打造校园文化，强化教育教学改革，呈现了校纪严、校风正、质量优的喜人局面。学校先后被评为普宁市文明学校、揭阳市一级学校、书香校园、文明学校，2008 年成为国家高考定点考场。学生对联，国赛夺冠；科技创新，省奖十三；获得奖项，揭阳最多；勇夺一等，揭阳首次。尤其是高考屡创佳绩，今年高考，中大华工，榜上有名；上 600 分 10 人，比例居普宁公办中学第二，上本科线 105 人，再次刷新历史纪录。

春华秋实，桃芳李艳令人欣慰。七十五年来，学校人才辈出，科技俊彦，商贾巨子，政界精英，层出不穷。校友们在不同的领域、不同的岗位上奉献着聪明才智，推动着社会的发展，创造着辉煌的人生。兴文楼是兴文的象征和辉煌历史的见证，凝聚着众多兴文人的兴文情结，传递了兴文人敦思报本的可贵精神，力促母校发展，谱写了一曲曲动人的赤子之歌。亲爱的校友，你们是母校亮丽的名片，见证着母校的发展，提高着母校的声誉，母校以你们为荣，母校感激你们！

长风破浪会有时，直挂云帆济沧海。校庆是个大喜日子，师生团聚、故友重逢。校庆是个重要里程碑，它昭示着先辈的奠基与创业，也召唤着来者的传承与创新。面对新的征程，我们要继续弘扬“自强不息，志在一流”的精神，创办“普宁一流，广东知名”的优质品牌学校，让兴文成为“社会认可、家长放心、学生向往”的理想学校，努力开创兴文中学更加辉煌、更加灿烂的明天！

最后，祝各位领导、来宾和校友、师生们身体健康，万事如意！

谢谢大家！

美文成镜　君子沸腾

——在陈美腾老师杂文选《镜子》出版座谈会上的发言

尊敬的各位领导、各位文友、嘉宾们、校友们：

大家好！九月校园，风和日丽，丹桂飘香，我们欢聚兴文，举行陈美腾老师杂文选《镜子》出版座谈会，我谨代表兴文中学师生和校友对各位领导、文友和嘉宾的到来表示热烈的欢迎，对校友陈美腾杂文选《镜子》的出版表示热烈的祝贺。

陈美腾老师《镜子》杂文选出版座谈会

我拜读潮音的作品已经多年了。潮音，顾名思义，潮汕人的声音。我为潮汕有这样的作家而自豪。五个月前，我才认识美腾老师，几次接触，才知道“潮音”竟然是美腾老师的笔名，而且是兴文校友，我为普宁有这样的文人，兴文有这样的校友而骄傲。在广东，许多读书人对潮音的杂文情有独钟。潮音的杂文像一杯浓茶，芳香怡人，让人心清气爽；像一杯烈酒，荡气回肠，让人热血沸腾；像一盆冷水，静心醒脑，让人保持理智。美文成镜，君子沸腾。《镜子》一书的出版，让更多的人能赏《镜子》，修身、齐家、思国、为民。

潮音，人如其文。他一身正气，待人热情，事业有成。浓浓的兴文情，深深的普宁根，他关爱母校，关心家乡，真正体现了兴文人爱兴文，普宁人爱普宁，中国人爱中国的赤子情怀。《镜子》一书的出版，不仅是美腾老师的自豪，普宁文艺界的光荣，也是兴文人的骄傲。借此机会，我谨代表作者母校感谢各位领导对《镜子》一书的关心与支持，感谢文友们的倾情帮助和精心指导，感谢兴文老校友《人民日报》前国际部主任、高级编辑陈特安在百忙之中应邀作序，也感谢大家挤时间参加出版座谈会，为《镜子》增光。对接待不周的地方，敬请大家海涵。

祝美腾老师文思潮涌，美音飞腾！

祝大家心清如镜，光彩照人！

谢谢大家！

兴文　让梦想飞扬

——在一次升旗仪式上的讲话

老师们、同学们：

大家好！沐浴着早春和煦的阳光，我们开始猴年的第一次升旗仪式。看到怀着梦想、朝气蓬勃、积极向上的同学，我信心百倍；看到任劳任怨、干劲十足、善教乐教的老师，我由衷高兴。兴文中学，这所地灵人杰、英才辈出、誉满潮汕的普宁名校，正在焕发迷人的魅力。借这个机会，我谈四点，与大家共勉。

一、人　因梦想而伟大

梦想，也叫理想，也就是一个人远大的目标。伟大的动力来自伟大的目标，一个有雄心壮志的人，就会有源源不断的动力在时刻召唤自己，激发自身巨大的潜力，随着目标的一步步实现而变得更伟大。郑泽光，一位兴文的英语老师，为了梦想，再考上大学继续深造，充分展现自己的外交才华，荣任外交部副部长。许宁生，一个父母都是教师的兴文生，为了梦想，成为普宁第一位中国科学院院士、中山大学前校长，现任复旦大学校长。杜成城，在我校读书时，成绩经常排文科第一名。如果没有排在第一名，他晚上就在铁桶上点蜡烛，争取时间学习。勇争第一的梦想让他成为万顺股份的董事长。1988 年，李源鸿也因为梦想，代表兴文中学走进北大，与全国的天之骄子并肩同坐。一个个真实的例子向我们证明，人，因梦想而伟大。同学们，生命有两个目标：追求你所要的，享受你所得到的。放飞你的梦想吧，你将变得伟大。

二、人 因奋斗而成功

人没有梦想，只是咸鱼一条；人只有梦想，也是咸鱼一条。有了梦想，还要努力去圆梦。《芈月传》主演孙俪，十年来几乎没休息过一天。十年的付出，换来现在的成功。李嘉诚，年近90岁还在工作。李嘉诚将手表调快十分钟，他每天就比别人多十分钟的机会。他说：“一个新事物，只有5%的人知道时，赶紧做，这就是机会，做早了就是先机。当有50%的人知道时，你做个消费者就行了。当超过50%时，你看都不用去看了。”不是吗？当大家都做淘宝时，淘汰也就开始了。你还认为自己还小就不用努力奔跑了吗？不读书、不努力、不吃苦，你能抢得先机吗？在竞争日益激烈的社会中，你是想拥有更多的机会去选择好的生活，还是被迫地谋生呢？

2011年，陈家伟高考以648分列普宁第6名，揭阳第10名；2012年，苏美纯被中国美院录取。2014年，罗伟贤老师获“全国优秀教师”称号。2015年，郑卓俊老师被推荐为“广东省特级教师”。陈晓燕、陈浩林考上中大，杨婕考上华工；教工篮球队获市冠军；学生雄鹰足球队获普宁亚军，进入揭阳四强；中学生运动会，苏伟潮获高中男子跳远冠军，吴敏虹获高中女子400米冠军。

同学们，读书养朝气，让你朝气蓬勃；读书养才气，让你才华横溢；读书养大气，让你大气磅礴；读书养运气，让你好运自来。

同学们，人生没有彩排，每天都是现场直播。叛逆和疯狂的青春固然刺激，但几年的放纵，换来的可能是一生的卑微和底层。千万不要做愤青，牢骚太盛防肠断，更不要当啃老族。世界不会在乎你的感受，人们只在乎你为这个世界带来了什么。千万不要用青春赌明天，整天装酷，挂着QQ，刷着微信，逛着淘宝，玩着网游，抢着红包，抢不到甚至还闹矛盾。干着80岁能做的事，你要青春干吗？武汉大学的黄灿灿在回答如何看待高中生恋爱时说：“几百页聊天记录，比不上两张一模一样的大学录取通知书。爱一个人，首先要让自己做得更好。”一勤天下无难事，迎着朝霞，把一件事情干到底，你能不成功吗？

三、人 因习惯而优秀

著名教育家陶行知说："教育的本真就是培养人的良好习惯。"有很多去过日本的人感叹，日本的街道很干净，很多乡村就像5A级景区。日本人养成的良好习惯，洗碗要洗7次，擦桌子每天要7次，垃圾分7类回收，一个香烟壳就要分三类回收：塑料薄膜、纸和铝膜。德国人要拧紧一个螺丝钉，先用一字螺把转多少次，再用十字螺把转多少次，用多大力，都很讲究。我们在羡慕日本、德国产品质量时，不得不佩服他们养成的良好习惯。我们一些同学登铁山，把山上的垃圾捡起来装袋带走。有一次在山上，刚好被我们碰见了，要为他们拍照点赞，他们拒绝了。我说不是为了表扬你，而是要倡导这种良好的行为。在我们的食堂，甚至是卫生桶，都有同学主动地在上面贴上公益标语，在校园随手捡垃圾已是许多同学的习惯。开学前一天，高二9班，初二2班等班级的一部分同学，回校的第一件事，就是自觉地打扫教室。但有时大家也会不注意，一不小心又把不好的一面表现出来。下雨天，在停车的地方，经常会留下同学们擦车座椅的纸巾。假如有一天，你的不良习惯都改了，你优秀的习惯才真的融入你的血液里。请大家相互提醒，相互监督。我期待着这一天早日到来。

养成一个良好的习惯要3周共21天，而一个坏习惯的形成只要三天。养成易，坚持难。每年去揭阳德育基地训练，我们很多同学经常获得表彰，但很少有同学把良好的作风带回学校，带到社会。

对于我们学生，重点要养成三方面的习惯：行为习惯，学习习惯，生活习惯。用一句话说就是要"优秀做人，成功做事"。培养良好习惯要从校园"六无"做起。"六无"就是校园无纸屑，墙壁无脚印，桌椅无刻画，公物无损坏，出口无脏话，厕所无异味。一个学校能做到干净、安静、美丽，这个学校离优秀就不远了。同学们，让优秀成为你的习惯，你就是优秀的。

兴文学子上名校

四、人　因感恩而幸福

会感恩的人，生活积极，阳光大气，有正能量，幸福常在。陈福林校友在校就读时，曾因帮忙干农活而迟到，被主任叫去兴文楼天井罚站。几十年后，他回到兴文，在罚站的地方拍照纪念。第一张因为有微笑，他说："不行，被处罚应该是严肃的，再拍一张严肃一点的。"校庆时，他捐资一百万元。著名书画家吴齐教授，在兴文读书时任学生干部，有一次，地下党的老师被捕，进步老师暗示他组织学生罢课抗议。复课后，校方并未动真格，然而到了学期结束，他被宣布以“退学”处分，只好离开学校，以相当文化程度就读他校。但他一点都没怪学校。成名后，他多次向学校捐赠书画，在建校八十周年时回母校举办书画展，义卖书画，捐资一百万元帮助学校建艺术楼。陈卫东校友在退伍回乡后，帮父母卖面线，在去深圳创业的前两天，他把面线全部送给经常买他面线的人，每人二捆，他说：“我要去深圳了，这面线就送给大家吃，感谢平时的支持。”创业成功后，听说学校要建兴文楼，他率先出三十万元，为兴文楼成功复建做出了大贡献。曾少贵校友，在股票上市的庆功会上，邀请我们学校几位领导去参加，在全国虽不一定绝无仅有，但也很少吧！高乐股份董事长杨旭恩校友正月初四回母校参加同学聚会，我跟他说学校正在筹建科教大楼、宿舍楼、艺术楼，向市政府申请调整补贴标准。他说：“母校的事，我一定尽力帮忙。”

高考结束后的高三班级跑操

每一个成功的人，都怀着一颗感恩的心。我们的同学参加军训，在教官的关爱下，很多人也很感动；离别时依依不舍，甚至流下眼泪，这也是有感恩之心的表现。但个别同学，对父母、老师平时无微不至的关心不以为然，甚至有点反感。可怜天下父母心，可怜天下的老师。俗话说，“爱之深，恨之切也”，他们最怕人家说你做得不好啊。老师就像菜农一样，为拿掉菜叶上的虫子，不小心也会在叶子上留下伤痕，这才是你成长的见证。请我们的班主任转身面对同学，请同学们为你面前的班主任鞠一躬，道一声：班主任，您辛苦了！

当我们每一位同学都拥有理想、努力奋斗、踏实做人、学会感恩，当兴文没有不认真学习的学生时，老师的教学工作一定会更加顺利！让“自强不息、志在一流”的兴文精神永远在我们的血液里涌动，读一流书，做一流人，让梦想飞扬！

很幸运在兴文遇到你，很高兴在兴文遇到奋斗的你，很自豪在兴文遇到优秀的你！和谐兴文，如日东升，我们是自豪兴文人！

（本文2016年4月发表于《普宁教育》）

兴文　让你更大气

——在新学期第一次升旗仪式上的讲话

老师们、同学们：

大家好！金秋校园，丹桂飘香。看到阳光大气、品位高雅、积极上进的同学，我豪情满怀；看到执着追求、善教乐教、享受教书的同事，我倍感自豪！兴文中学是一所誉满潮汕的普宁名校。兴学宝地，人文俊秀，充满活力，富有魅力。

一、人　因信念而勇敢

信念是对理想所抱的坚定不移的观念与坚决执行的态度；是对自己内心所希望的事情，坚定地认为会实现的意志力。信念是强大的精神力量，有了坚定的信念，就能精神振奋，克服困难，甚至在生命受到威胁时，也不轻易放弃。

为成就统一天下的霸业，秦始皇以“克服不可克服的，战胜不可战胜的方是英雄”为信念，终于克服了各种困难，使六国归秦。

黑格尔说过：“一个民族，有一些仰望星空的人，他们才有希望。”这种强大的精神力量，驱使我国科学家潘建伟和他的同事勇攀高峰、敢为人先，成功发射首颗量子通信卫星“墨子号”。墨子在战国时期就提出“光沿直线传播”的观点，量子就是物理学中一个不可连续分割的最小单元。由于量子的不可分割、不可克隆和不可预测的特性，信息一旦被窃听就会被发送者察觉并规避。“墨子号”为我国信息安全提供了“终极武器”，永久性解决信息安全问题，让世界为之震惊。

用信念顶住压力，用气势压住强敌，用心态成就逆袭。中国女排曾经五连冠，女排精神成为中国人的精神动力。这次奥运会，铁榔头郎平当主教练，大胆起用新人，创新带队模式。但小组赛三负二胜，排名第四，被人质疑。四分之一赛对阵强大的东道主巴西队，在先负一局的劣势下，每分必争，惊险逆转；半决赛对阵荷兰，血拼对手，复仇战惊心动魄；决赛对阵攻势凌厉的塞尔维亚队，顶住压力，扣人心弦，最终酣畅淋漓地夺冠，让国人为之振奋。

女排夺冠，是技术和实力的见证，更是不畏强手、自强不息、大气从容、永不言败的精神力量在支撑。队长惠若琪的父亲说：“别人上网打游戏，她把打排球当成玩游戏。”更为可贵的是郎平，三十年执着于排球，不忘初心。同学们，假如你像惠若琪一样把学习当游戏玩，像郎平那样把一件事情干到底，你难道还不所向无敌吗？

著名书画家吴齐校友，2011 年，已是八十高龄的他，壮心不已，前往尼泊尔，亲览珠穆朗玛峰胜景。回国后用三个月时间，集中精力创作了二十多幅珠峰南峰新作。若没有对艺术的执着，没有勇于创新的精神，实在难以做到。

1962 年高考，正是抱着必胜的信念，陈传誉校友数学获得满分，成为普宁高考理科状元。学习的成功，驱使他不断努力，不仅成为教授，而且先后当选为广州市副市长和市人大副主任。正是“为学传佳话，从政赢厚誉”。他年已古稀，仍两次回校做专题报告，激励师生。

二、人　因竞争而进步

竞争，是指个人或群体在一定范围内为谋求他们共同需要的资源而进行比较、追赶和争胜的过程。时代在发展，社会在进步，我们周围时刻充满着竞争。为实现中华民族的伟大复兴，大家都要参与竞争，勇迎挑战，在竞争中焕发潜能，让自身进步，让生命焕彩。

因有百事可乐的挑战，可口可乐才长盛不衰；因有华为的追赶，苹果才放下自傲；因有 C 罗，梅西才不敢止步。而更令人感念的是里约奥运会“林李之约”。林丹这个羽坛奇人，夺冠无数，有“超级丹”的美誉。十几年来，林丹与马来西亚的李宗伟你争我夺，交相辉映。林李争霸，巅峰对决，快意人心。如果没有李宗伟的拼搏，就凸显不了林丹的坚持。而林丹的奋斗，也成为李宗伟追赶的标尺。在最好的时候遇到你，是我的运气。李宗伟说：“如果没有林丹，我也没有这么努力地去训练。”林丹说：“因为李宗伟，我的冠军才更有含金量。”胜者无骄意，负者不沮丧。棋逢对手，将遇良才，惺惺相惜，令人称道。

今年高考，陈泳通以理科595分获得普宁市副点中学第一名，上华南理工大学线，最后被暨南大学录取。吴泽盛被中山大学录取。陈泳通在初一第一次考试中英语只有9分，但到中考67分，高考111分，实现了华丽的转身。我问他为何进步这么大，他说幸好遇到吴泽盛。吴泽盛基础较好，勤奋好学、乐于助人。两人虽然性格不同，却成为好友，在学习上互相鼓励，你追我赶，共同进步。竞争六年的兴文双子星，最终双双跨进理想的大学。

三、人　因大气而大器

大气是一个人做人做事的风范、态度、气质、气度，是一个人内在素质形成的一种无形的力量。大气是一种海纳百川、胸怀日月的气概，一种从容大方、自然天成、胸有成竹的气量，一种成熟宽厚、宁静和谐的气度。

伟人的大气是胸怀天下、气吞山河的王者气概。伟大的领袖毛泽东主席，大家读他的《沁园春·雪》，当中写到“江山如此多娇，引无数英雄竞折腰。惜秦皇汉武，略输文采；唐宗宋祖，稍逊风骚。一代天骄，成吉思汗，只识弯弓射大雕。俱往矣，数风流人物，还看今朝”，领略他的伟大抱负和胸怀，我们热血沸腾。

穷则独善其身，达则兼济天下。李嘉诚，艰苦创业，开拓进取。在事业成功后，成立“李嘉诚基金会”，出巨资创办、支持汕头大学。九十多岁了还投资十亿创办广东以色列理工学院。这种情怀，何其伟大！

里约奥运会，国球乒乓球队囊括四块金牌，男女单打会师决赛，捍卫国球王者风范。赛后网上有个视频，刘国梁总教练在训练动员中说道：团队精神的传承，才是国球长盛的灵魂所在。2008 年北京奥运会冠军马琳，2012 年主动请求到伦敦当陪练，每天坐地铁去买菜，让教练和参赛队员先吃，他吃剩下的饭菜。为了团队，牺牲自我，放低自己，成就他人。这种精神，何其大气！同学们，你们能做到吗？

台湾 65 岁的陈树菊婆婆，每天凌晨三点起来卖菜，52 年里捐出 1 000多万新台币，惊动 BBC，被称为世界上“最不像、最朴实”的慈善家，成为《时代》杂志百大英雄人物。她说：“舍得就是获得，捐钱不是伟大。”这个攒钱做慈善的“小人物”是多么令人钦佩。

事业有成者一般都有大气魄，大境界，心怀善念，善于感恩。深圳卫东龙实业有限公司总经理陈卫东校友，多次捐资支持母校。今年 4 月，他回母校观光，捐资 100 万元支持科教大楼、宿舍楼建设。他一共捐资 158 万元。他说：“能为母校的发展尽心尽力，是我人生最快乐的一件事。”翰宇药业董事长曾少贵校友，听说这几年学校办学不错，去年有三人考上中山大学和华南理工大学，十分高兴，当即表示对考上重点大学的学生，每人奖励 2 万元，今年的奖金就达到 22 万元。对中考上重点中学线就读兴文高一的，每人奖励 2 万元，共 16 万元。少壮当努力，贵人自相助。有心系母校、情怀学子的优秀校友，在兴文读书多么幸运！

深港校友会曾少贵校友奖学金颁发仪式

对学生来说，首先是读书养浩气，做到“胸有文墨怀若谷，腹有诗书气自华”。其次是行动养雅气。从小事做起，把每一件小事做极致，使自己的优点更优，长处更长，为自己争气，做到“在家是个好孩子，让父母欢心；在校是个好学生，让老师赏心；在社会是个好青年，让大家开心”。一句话，优秀做人，成功做事。随着时间的沉淀，你就会逐渐成为阳光大气、品位高雅的人。

21 世纪，中华民族迎来了发展的大好时机。生在这个美好的时代，你将如何为国增光，在世界展现中华民族的风范？同学们，坚定信念，以勇敢的心，迎接挑战，以博大的胸怀，展现泱泱中华的美韵。

很幸运，在兴文遇见勇敢的你；很高兴，在兴文遇见进步的你；很自豪，在兴文遇见大气的你！

自强不息，志在一流。和谐兴文，如日东升！

兴文 让你更自信

老师们、同学们：

大家新春好！金鸡唱晓，红运当头。看到阳光自信、大气优雅的同学们，我豪情满怀；看到敬业爱岗、享受教书的同事们，我信心百倍。兴文，这所地灵人杰、底蕴深厚、特色鲜明、活力十足、英才辈出、誉满潮汕的普宁名校，正在焕发动人的魅力。

一、人 因自信而超越

自信，就是一个人对自己能够达到某种目标的乐观而充分的估计。自信的人目标感强，心态阳光，不折不挠，能充分调动自身潜能，为达到目标不懈努力。

人之所以能，是因为相信能。广州恒大足球队前主教练里皮（Marcello Lippi），当他发现队员们大多不够自信时，多次强调："我们能成为王者之师，正在成为王者之师，一定能成为王者之师。"正是里皮教练不断强化队员们的自信，使恒大有了质的变化，不断超越自我；不仅在中超中夺冠，还勇夺亚冠冠军，在"世俱杯"上也取得第四名的喜人成绩。

自信的人对自己充满期待，相信天生我材必有用。曾国藩为何被那么多人推崇？因为他用时间证明：一个资质平庸的人，如果相信自己，不断自我完善，也可以成为超凡脱俗的圣贤豪雄。自古圣贤可佩但不可学，唯有曾国藩可佩亦可学。曾国藩 13 岁时，有天晚上他迈进书房，背起一篇三百字小文。在他进入书房前，家里躲藏了一个贼，想等他入睡后再偷点东西，哪知他到半夜还背不出来。那贼终于受不了，飞身下梁，将此文一字不漏地背了一遍，然后冲曾国藩大叫：“你这么笨，还读什么书!”曾国藩的资质就是这么平庸。但他的自信令他更加刻苦，早起，绝不恋床；耐烦，绝不罢休。持之以恒的精神让他超越了自己。他从 16 岁开始参加科举，考了 7 次才中秀才，次年又中了举人，4 年后高中进士而青云直上。想一想，你有曾国藩那种相信自己、绝不放弃的精神吗?

自信的人，不管风吹雨打，都胜似闲庭信步。泥坑里爬起来的才是圣人，烧不死的鸟才是凤凰。任正非 44 岁时，在经营中被骗 200 万元，被国企除名，背负巨债，老婆还与他离婚了。他一个人带着父母弟妹在深圳住棚屋，以 2.4 万元注册创立华为公司。没有资本，没有人脉，没有资源，没有技术，没有市场经验，看似谁都比他强的一个人，却凭着自信成功逆袭，把华为引领到通信行业世界第一的位置。想想华为，相信你也可为!

在我们兴文，也有许多人因为充满自信，走上了成功之路。罗天，弱冠少年，投身革命，历练成为广东省副省长、省委常委、省人大常委会主任。郑泽光，一个英语老师，对自己人生有更高的期待，考上大学深造，充分展现外交才华，成为最年轻的外交部副部长。许宁生，从一名知青，到成为中国科学院院士、复旦大学校长。一个经济不宽裕的农村家庭，在兴文也出了三位中大学生，陈家豪、陈家伟、陈晓萍，一门三中大，传为佳话。广州执信中学何勇校长到兴文参观指导，看到兴文出了许多知名校友和深厚的底蕴，也由衷地敬佩！作为兴文学生，你还能不自豪吗?

二、人　因特长而出彩

复旦大学附中 16 岁的高一女生武亦姝，在《中国诗词大会》节目中挑战北京大学博士生陈更，成为新擂主。诗词量2 000首，答题时气定神闲，还有高颜值。有网友感叹武亦姝：满足了自己对古代才女的所有想象。这位把陆游、苏轼、李白封为自己“三大偶像”的“00 后”说：“喜欢诗词是一件很单纯的事，古典诗词中蕴含的美感和情意，在现代语言中很难找到。”腹有诗书气自华，她的一炮而红，得益于该校对古典诗词教育的重视。

“雏凤鸣春春浪漫，腾龙颂夏夏辉煌。瑞鼠迎祥迎奥运，福娃贺喜贺神州。”这是2008年全国中小学生“龙虎塘”杯对联决赛现场，陈晓璇勇夺冠军的佳作。江苏楹联学会会长赞叹说：“能在我们江苏文化之乡把冠军夺走，就说明你们广东不是文化沙漠。”这也是我校弘扬对联文化、打造诗书校园的硕果。

在培养学生特长方面，我们兴文也做了许多尝试和探索。近年来，学校逐步形成足球运动、科技创新、对联、太极拳等特色教育，还成立了二十多个社团，为学生提供了多种展现才能的舞台，焕发活力，激发潜能，更好地成就自己。在2016年市中学生足球比赛开幕式上，教育局李悦双局长看了雄狮献瑞、太极足球、威风少年的精彩表演后，兴奋地说：“办学校就要像兴文中学一样，不只是追求成绩，而是全面发展。特色鲜明，充满活力，这才是真正的办教育。”我们要把领导的鼓励当动力，创办涌动生命活力的教育，让校园成为学生圆梦的乐园。曾有一位高三学生，在毕业前来到我办公室，他说：“陈校长，我是来自赤岗镇的学生，当年听说兴文有太极，我就慕名而来。虽然自己的成绩不是很好，但三年来学习很快乐。毕业前来跟您聊聊，并送一把不锈钢的太极扇给您做纪念。”

兴文中学醒狮队表演

一个人可以有多方面的特长。伟大的领袖毛主席，不仅有卓越的领导才能，他的诗词气势磅礴，气韵万千，尽显领袖风范；他的书法也独具一格，有毛体之称。大家要发挥自己的聪明才智，在多方面培养自己的专长，走上社会就能在激烈的竞争中更有优势，立于不败之地。个别同学喜欢玩游戏，虽然社会上也有玩游戏玩出名堂的，但更多的是玩物丧志，误了青春。我还要提醒个别同学，来学校是来成才的，而不是来成家的。要知道花若盛开，蝴蝶自来；你若精彩，何愁无爱?

对于我们学生来说，学会做人，培养自身人格魅力也是相当重要的。在我校 75 周年庆典大会上，华南师范大学党委书记杨文轩校友说："一切成功是做人成功，一切失败是做人失败。"男人要有绅士风度，绅士也是身份的象征。而女人要有淑女的形象。所谓"淑女"，是指贤惠善良的女子。这也是我国古代的人所说的君子品格，君子风范。在全市创建文明城市的大潮中，作为兴文的学生，更应该做好表率，以良好的素养、可贵的品质、优秀的习惯，做好自己，带动他人，为创建文明城市做出应有贡献。

三、人　因分享而快乐

摩拜单车创始人胡玮炜，一个 80 后的女子，用 2 年的时间就把一个企业从 0 做到市值高达 100 亿。富士康也成为摩拜单车的战略投资者，年产 500 万辆。做了 10 年媒体人的她，因与朋友聊天说到共享单车的事情，以一种博大的情怀，把创意变成创业，解决了许多城里人丢单车和出行不便的问题。摩拜单车点亮一座座城市。

共享单车为什么能在短时间内取得巨大的成功，主要是因为它解决了许多人都碰到的问题，让大家分享便捷，从而引起积极的响应。分享是我国的传统美德。在我年少时，当时经济落后，邻居有宰猪，就会分一碗猪血或猪内脏。有喜庆，也会给几个粿或糖果，让大家共同分享。

许小尖校友，创办好家风纸业时，一心想到为大家提供优质纸巾。看到环境、食物、工作压力造成许多人"亚健康"，甚至积劳成疾，作为中医世家第五代传人的他，把私人养生酒分享给大家。利用中药，补足正气，共享健康，快乐生活。真元酒喝出精气神，造福许多人。这也像摩拜单车一样，急人所急，想人所想。他多次捐资出版校报、赞助元旦会演和十佳老师奖品！

许多事业有成的人衣锦还乡，回报家乡，造桥修路，兴办福利事业。潮汕的许多学校是乡贤或事业有成者热心捐建，我们兴文也是首任董事长陈益斋发动陈友珠等乡贤捐资创办的。教学大楼、教师宿舍、学生公寓、食堂楼，重建的兴文楼，正在建的科教大楼和宿舍楼，都离不开热心校友、乡贤的赤诚相助。他们事业有成，心系家乡，情牵母校，让家乡发展，让母校进步，让大家共享自己的成就，实在可贵。

2009 年，校友陈克全医生，听说学校要举办校庆活动，于是打电话给学校，说要认捐一间教室 7 万元，先登记，等把钱凑齐了再带过来。他爱人在旁边听到，说哪能欠学校的钱，就把自己的积蓄先拿给了学校。他的同学情更是值得称道，组织十多次同学聚会，编了两本《岁月留痕》纪念册。更为可贵的是他把许多同学不同时期的相片都细心保存起来，最多一个保存了 20 多张。他把请同学老师一起欢聚、分享情谊当作自己最大的快乐。

陈克全校友参加元旦文艺会演

我们伟大的祖国版图，就像一只雄鸡。今年是鸡年，雄鸡一唱天下白！只要我们中华儿女闻鸡起舞，坚定信心，迎着朝阳，脚踏实地，自强不息，勇往直前，盛世中华，我们期待。

很幸运，在兴文遇见自信的你；很高兴，在兴文遇见精彩的你；很自豪，在兴文遇见快乐的你！

闻鸡起舞精神爽，立志攻书美梦甜。让我们昂首前行！

谢谢大家！

兴文　让你更有情怀

——国旗下讲话

老师们、同学们：

大家好！迎得东风来，兴文敞情怀！年初揭阳市委常委、普宁市委书记张时义到校调研，鼓舞师生；高考大跨越，上一本线17人，二本线245人，比去年多116人；校园足球，勇夺双冠；学生发明，喜获省奖；温巢志愿者，获潮汕星河奖；学生太极拳，夺揭阳季军；校舍建设补助，政府提高标准。乘势而上，再谱新篇。借此机会，我谈三点，与大家共勉。

作者在国旗下讲话

一、人　因意志而坚强

意志，指决定达到某种目的而产生的心理状态，常以语言或行动表现出来。成功者常常是意志坚强的人，失败者往往是意志薄弱的人。人因意志而产生无穷的力量，百折不挠，勇迎挑战。

《战狼2》这部军事题材片赢得上佳口碑，票房已超56亿，创下国产片票房的新纪录。其不输好莱坞大片的动作场面及影片传递的爱国情感等，让人热血沸腾。“冷锋”这个中国式英雄更让国人拥抱自信。然而，让我敬佩的是导演兼主演吴京的传奇故事。1974年，吴京出生在北京一个武术世家，家族几代人都是当年满族的武状元。他6岁进入北京体校，断了鼻梁。8岁头破血流，9岁胳膊骨折，12岁拿下全国武术比赛拳、枪、刀冠军，14岁伤到腰部神经，下半身瘫痪。倔强的吴京不服输，坚持自我训练，重回体校。16岁再获冠军，18岁右脚几乎残废。没人看得起，那自己要瞧得起，带着“武痴”名号进了影视圈。他心中一直有一个梦想，要创造一个属于自己的时代。他选择拍军旅题材的电影，学习各种军事技能，甚至学开坦克，自驾直升机。在拍《战狼2》之前没有大牌明星，没有巨额投资，吴京拿出自己的积蓄，抵押了房产，才凑够了钱去拍戏。厚积薄发，这个词在吴京身上体现得淋漓尽致。出道22年，浑身是伤的吴京终于迎来了属于自己的时代，许多人成为《战狼2》的精神股东。我们对吴京超人的坚强、无怨无悔的追求，油然而生出敬意。在欣赏“战狼”时，也请大家时刻提醒自己，我准备好了吗？

今年高考，有位同学不巧得了阑尾炎。本应该及时做手术的他，仍以顽强的意志，忍痛参加高考。学校对此高度重视，为他申请备用考场，让其单人单桌考试，并联系医院领导派主任医师和护士来校全程医护。在学校的关怀下，该同学最终以优秀成绩上了本科线。上大学的强烈意愿，驱使他产生超强的忍耐力，他不正是兴文的“战狼”吗？

然而，我们也看到可怕的一面，一些人因意志力薄弱，沉迷在游戏里不能自拔。有个孩子连打40个小时的游戏以致脑梗死，差点没命。有个孩子偷刷父母的银行卡花费上万元去给游戏主播送礼物，有些孩子甚至出现了极端行为。为此《人民日报》发表三篇文章，三度讨伐，可见危害之重。游戏成瘾的学生，缺乏内驱力和自控力，荒废学业，不利于学生的日后发展。同学们，醒醒吧，远离电子游戏！记住，青春很贵，请别浪费。

二、人　因努力而幸运

人生就是接受一次又一次的挑战，成功和幸福只属于勇敢和努力的人。正如王阳明的一句话：人须在事上磨，方能立得住；方能静亦定，动亦定。愿自己成为太阳，无须凭借谁的光。

阿里巴巴总裁马云，长相和成绩都不出众。第一次高考数学只考了 1 分，复读了两年，终于以本科差 5 分考入杭州师范学院外语系。数学从 1 分到上本科，可想而知马云需要付出多大的努力。而在 12 年之后，而立之年的马云拿着自己推销的黄页，敲开一扇扇门却被婉拒的时候，在夜色中的北京街头，他看着满街的灯火说："再过几年，北京就不会这么对我，你们都会知道我是干什么的。"从马云身上，我们可以看到，成功与长相无关，努力才是关键。数学 1 分，不是高考失败的借口，努力了，一切皆有可能。

女排奥运夺冠，郎平教练说："人生不一定能赢，而是要努力去赢，一定要在落后的时候面带微笑。无论如何，士气不能丢，军心不能散，胆大艺更高。"也就是说，要时刻相信自己，努力去把握每个机会，赢得胜利。

普宁市首届中学生足球比赛，在许怀义主任带队下，教练和球员积极备战，全力以赴，初中队率先夺冠，振奋人心。高中队在决赛中碰到东道主华美实验学校队员，他们志在必得，因为有玉树藏族学生，身强体壮，加上主场优势。但在下雨天，场地湿滑，对技术较好的我们反而是机会。上半场杨进滨同学发角球直接进门，下半场顶住华美反攻，把握机会。伍耿毅同学用任意球再下一城，让华美丧失信心，无力反击。在后卫陈豪宇同学，特别是守门员陈庆健同学的勇猛防守下，高中队以不失一球夺冠，实在难得。技术最出色的吴锐亮同学也获得最佳射手的称号。廖钰老师在下半场当起拉拉队长，别的队许多队员也为我们助威，从气势上压住对手。人心齐，泰山移。别人能做到的，兴文人也能做出色。为雄鹰队员、教练员点赞！为关心帮助兴文足球的单位和朋友表示由衷的感谢！

在兴文，有许多人像雄鹰队员一样，靠自己的不懈努力，赢得一次又一次成功。1980—1982 年在我校任教的英语老师郑泽光，通过努力，考上大学深造，展现出色的外交才能，成长为外交部副部长。1988 年，李源鸿挑灯夜战，刻苦攻读，从兴文走进北大。2011 年陈家伟以理科 648 分获普宁市第 6 名，揭阳市第 10 名，被中山大学录取，后又获保送读中山大学研究生。2012 年，入学成绩只有 323 分的苏美纯，美术上清华大学线，被中国美术学院录取。2016 年，入学成绩只有 177 分的陈烨考上本科……许多兴文人，用行动证明，越努力越幸运！同学们先给自己定个小目标，争取获得翰宇药业董事长曾少贵校友的 2 万元奖学金！

三、人　因情怀而可贵

一个人，取得成功固然很可喜，但一些成功者，却没有获得人们的认可。人是否可贵，关键是有没有高尚的情怀。

科教大楼

复旦大学校长许宁生校友是普宁第一位中国科学院院士，学校打算将科教楼命名为宁生楼或院士楼。李悦双局长把学校的想法向前来兴文调研的市委书记张时义汇报请示。张书记建议命名为院士楼，希望学校出更多的院士。学校写信把情况告诉许宁生校友，他委托亲友到学校，转达对张书记厚爱的深切感谢，同时委婉表达了不要为妥，并表示将争取尽快回母校做报告。一个杰出的科学家，一个出色的校友，他时刻保持一颗谦恭的心，是多么难能可贵！

著名书画大师吴齐校友，多次向母校捐赠书画，建校八十周年回兴文举办书画展，并捐赠 100 万元帮助建艺术楼。近期，在他的倡议下，在家乡陂头村文化公园建吴齐书廊，展出他 13 幅书法代表作。此举得到普宁市委市政府的大力支持，拨出专项资金 30 万元。吴齐大师自己出资 80 万元，许多村民也纷纷响应。文化之乡陂头村又增添了胜景。他又捐赠给市委市政府两幅字画。一位 86 岁的艺术大师，对母校、对家乡的一往情深，这正是绿叶对根的情意。吴齐大师有个心愿，希望吴齐艺术馆能建在普宁，把他的许多代表作和名家藏品留在家乡，供人欣赏。

在兴文，一群有情怀的青年学生，他们不仅到铁山、鱼盘岭捡垃圾，到占陇敬老院打扫卫生，还用卖捡来的废品的钱买东西送给五保户，也在校园时不时打扫卫生，他们就是今年荣获“潮汕星河品德奖”三等奖的温巢志愿者服务队。年轻的我们，也可以身体力行，用小行动，书写大情怀。学校也计划定制一批杯子，送给温巢的骨干们，希望我们每个人都能记住，温暖春常在，巢

温巢志愿者服务队

和福自来！

共享单车，解决了许多人出行难、单车保管难的问题，成为许多城市的一道风景。但可惜的是，由于个别人的自私，或者把单车占为己有；或者出于利益，故意破坏；或者出于好玩，把车挂树上、扔河里、叠成一堆。共享单车的难堪，正在折射出一些人素养低、无情怀这个现实。

这使我想起了一个故事，一位基督教徒去世后，想看看天堂与地狱究竟有何差异。天使就带他到地狱参观，一群人拿着很长的筷子，围着一张很大的摆满了丰盛佳肴的餐桌。抢着夹自己喜欢吃的东西往嘴里放。因筷子太长，食物很难全部放进嘴里，地上撒满了食物。这些人脸上带着怨气，面目狰狞。到了天堂，同样的食物，同样的长筷子，每个人都把别人喜欢吃的东西往对方嘴里送，其乐融融。这个人一下子明白，当每个人只想到自己的利益时，欲望无法满足，如身在地狱。当每个人都想到别人，和谐相处，就身在天堂。

同学们，如果你怀着“富二代”的心态来兴文，我只能抱歉地说，你选错地方了。学校虽然想方设法为大家提供更好的学习环境，但还是心有余而力不足。前几年，有两兄妹在我校读初中，平常在家里，争抢着看自己喜欢的电视节目，经常闹僵。学校开展学习《弟子规》活动后，回到家里，妹妹就说：“看什么，哥哥你定。”哥哥又说：“妹妹你看吧。”兄妹两人还主动洗碗、拖地板。他们先后考上大学，又靠自己的努力找到满意的工作。

同学们，你自己的感想又如何？还会乱扔垃圾吗？还好意思抢热水吗？还会浪费自来水吗？带着情怀来读书，怀着感恩去生活，优秀做人，成功做事，你一定会成为一个阳光大气、品位高雅的兴文人。

在厦门金砖五国会议上，习总书记提出了“胸怀天下，立己达人”的博爱思想，一个负责任的大国形象正在向世界展现。做大国国民，你做好准备了吗？但愿你胸怀理想，立己为人！

积德百年元气厚，读书三代雅人多！很高兴，在兴文遇到坚强的你；很幸运，在兴文遇到努力的你；很自豪，在兴文遇到可贵的你！

兴文　让你更豁达

——陈大逸校长国旗下讲话

老师们、同学们：

大家新春好！闻鸡起舞精神爽，伴犬迎春美梦甜。随着宿舍楼和科教大楼建成，兴文这所誉满潮汕的普宁名校将更具魅力。兴文人正以更昂扬的姿态，走进新时代，迎接新挑战，创造新业绩！

一、人　因信仰而坚定

“信”指可信，可相信、可依赖；“仰”指仰望、崇拜、敬畏。信仰是人的心灵被某种力量所震撼从而在意识中自动建立起来的人生价值体系。人需要信仰来为自己确立价值目标，增强生活的信念，指引前进的方向。习近平总书记说：“人民有信仰，民族有力量，国家有希望。”

林格教授说：“当学生把对学习的渴望变成是一种信仰，就会产生不竭的动力。”最近热映的电影《无问西东》，令人印象深刻的两处画面，一处是在陋室之中，老教授的话语因暴雨突至而难辨。他最终不再尝试授课，而是泰然就座，在黑板写上四个大字：“静坐听雨”。一处是日军来袭，全校师生从容撤离，在山洞里支起黑板，高吟《楚辞》与泰戈尔的诗，任凭炮火轰鸣，我自静心求学。他们无畏生死，守着千年积淀的文化命脉，展现一代文人风骨，在雨声和炮声中，仍静心于所读。在沈光耀推开窗户的那一刻，学生在体育老师马约翰教授带动下跑出血性的场景，同样令人起敬。

电影里的他们，在最好的年纪，迎来了最残酷的考验，却也成就了杨振宁等中外闻名的大家，成就了多少青春传奇。正在读书的同学，当你们看到这些时，是否也会热血涌动，是否应该努力去成就真我的风采。万一不小心，考上清华，会让幸福来得太突然。

王福满是最近的网红，人称“冰花男孩”。那天，云南昭通零下9度，他走路1个多小时才到学校，头发和眉毛都沾满了冰霜。他的双颊被寒风吹得通红，外套看上去薄薄的，冻得干裂的小手下面是一张99分的试卷。他的父亲在外打工已经半年没回家，给了他5元零花钱。难得兜里有笔“巨款”，他没想着吃一次肉，而是“存着，以后大人生病了用”。看了冰花男孩，你对生活还会有那么多不满吗？

在兴文，许多人因充满信仰而光彩照人。罗天，因为对革命的信仰，历练成长为广东省副省长、省委常委和省人大常委会主任。因对科学的信仰，许宁生成长为中国科学院院士、复旦大学校长，陈敏生成长为南方医科大学党委书记，杨文轩成长为华南师范大学党委书记，吴楚武成长为上海东华大学副书记兼副校长。这几年，许多同学也通过努力，考上中国美院、中山大学和华南理工大学。同学们，坚定兴文自信，焕发兴文豪情，书写兴文骄傲！

二、人　因专注而出彩

2017年9月，被誉为“中国诺贝尔奖”的未来科学大奖在北京揭晓，奖金100万美元。获奖者施一公是著名的结构生物学家、清华大学副校长、中国科学院院士，曾在国际顶级学术期刊上发表了多篇论文。施一公在解析真核信使RNA剪接体这一关键复合物的结构，揭示活性部位及分子层面机理方面做出了重大贡献。

施一公被清华的学子们奉为“男神”。真男神不单在学术上有着独当一面、开疆拓土的才华，更有着许多年轻人都赶不上的热情和活力，有着在物质诱惑面前为理想献身的笃定。在明星科学家的光环背后，他是一个每天在清华校园奔跑6公里的追逐者。每周，施一公都会去爬香山，上下2 300多级台阶。他比我们多的，是一份对理想的专注和人生的深情。

黄公望也是这样的人，把全部的精力放在自己关心、倾注的1%的美好事物上。50岁才开始学画画，80岁那年，开始画《富春山居图》。富春江的四面，有十座山峰，峰峰形状不同，几百棵树木，棵棵姿态迥异。黄公望背着画卷带着干粮一路前行，踏遍了富春江两岸。在中国历史上，从来没有一个人用了四年时间跟河流真正地对话。在对话中，富春江读懂了黄公望，黄公望也读懂了富春江。黄公望在84岁时完成了被后世称为"中国十大传世名画"之一的《富春山居图》。人生若觉无作为，愿君读读黄公望。

杨瑞雄校友以专注、专攻、专业为理念，在2012年夺得全国专利发明金奖。

杨瑞雄校友

可现实也让我们感到可怕。一些学生，正沉迷于智能手机，玩王者荣耀、死亡陷阱、吃鸡等游戏；扫一扫、摇一摇抢红包，陷入网聊等虚拟世界。出现手机控、圈养族，导致心灵空虚，行为失控，手机已刷掉了很多人的青春梦想。甚至有人年纪轻轻就得了颈椎病、抑郁症、精神分裂，甚至癌症。"拯救上瘾协会"发言人认为："智能手机就像一个虚拟的布娃娃或者情人，离开它会让人感觉到痛苦，感觉到被抛弃。这种感觉类似于吸毒，恐惧与手机分离是一种非常真实的情感。”用手机会成功，玩手机多失败。手机会玩掉你的青春，你的才华，你的荣耀！放下手机，专注努力，去创造自己美丽的天地吧！如果非用不可，也应每天不超过30分钟，假日控制在1小时内。当你“机”不可失，成为手机的寄生虫，青春也将失不再来。

三、人 因豁达而自在

豁达是一种胸怀，一种气度，一种境界。豁达的人能成就自己，超越自我，洒脱做人。

饶宗颐曾写过一句广为人知的诗句：“万古不磨意，中流自在心”，以表明自己的人生态度和追求。他解释，“万古不磨”，就是中国人讲的“不朽”，即立德、立功、立言“三不朽”；“自在”“中流”，在水的中央，说明有定力，有智慧，有忍耐，就是要保持一种自在的心。

2008年，应我校邀请，饶先生欣然题写“兴文中学”和“兴文楼”两幅墨宝，为75周年校庆增光添彩，让洋韵典雅的兴文楼更加熠熠生辉。2014年，香港大学“饶宗颐学术馆之友”会长陈文洲校友邀请饶先生为建校80周年题写“培育英才”墨宝。得到国学泰斗墨宝是兴文之福。相信同学们每天见到兴文楼饶公的题字，会肃然起敬，兴致勃发，无愧斯文！

中国电影出版社前社长许南明校友，已经96岁了，我到北京拜访他，问他长寿的秘诀，他说：“没有秘诀，首先是乐观心态，其次医疗保健，再次是坚持书法，最后是每天写日记。”这也是乐观豁达、自在人生的体现。想想许南明老校友，写周记还是苦差事吗？

电影《无问西东》中清华大学毕业生张果果，在快节奏的广告圈，忙于为奶粉公司做提案，期间认识了四胞胎的父母，给了他们希望，却最终输掉了提案，无法兑现自己说过的话；被迫做好事，甚至想要回避。当他父亲在李想叔叔的墓前说，希望他“做自己喜欢的、开心的事”后，他终于放下世俗的规劝，直面内心的温暖。当他在四胞胎的房间里为窗户装点色彩时，他是快乐的。

“胸怀梦想，立己达人”，是许多成功校友的写照！兴文生爱兴文，他们事业有成，感恩母校，回报母校。兴文的许多地方，都留下他们可贵的足迹！近几年捐资100万以上的有：陈卫东158万元，曾少贵150万元，吴齐100万元，陈欣深100万元。

对我们学生来说，要豁达，首先要学好本领，提高修养，提升境界。在细微处严格要求自己，让优秀成为一种习惯，做到优秀做人，成功做事，长大了才能更好惠及他人。

乘十九大东风，开启新征程，一带一路的倡导，共享经济的到来，中国正在走进新时代！迎接新的挑战，创造富强、民主、文明、和谐、美丽的社会主义现代化强国。放飞梦想，撸起袖子，以奋斗心，圆中国梦！

兴学琢玉成大器，文心雕龙上青云！很高兴，在兴文遇到坚定的你；很幸运，在兴文遇到专注的你；很自豪，在兴文遇到豁达的你！

深圳市卫东龙实业发展有限公司总经理陈卫东校友（左）捐资100万元，帮助兴文中学建科教大楼和宿舍楼

兴文　让你更优雅

老师们、同学们：

大家好！兰桂飘香，惠风和畅。高考佳绩，婉虹焕彩；科技创新，再摘星河；千人太极，省厅直播。雄鹰足球，再展雄风：高中女子，荣获冠军；高中男子，夺得亚军。招生火爆，群贤毕至，潮汕名校，展现魅力。齐心协力，续写新篇！借此机会，我谈三点，与大家共勉。

一、人　因内心而强大

“三军可夺其帅，匹夫不可夺其志。”志者，心力者也。立心就是立志，立下志向，心也就有了方向，才能焕发无穷的力量。

人之所以能，是因为相信能。有这样一个故事：一个小女孩患重病，生命垂危。她每天看对面楼天台的一片叶子，心想只要叶子不凋谢，自己就能活下去。几年后她的病好了，到对面看看那片叶子，才发现原来是一个小男孩看到她每天看这叶子，就画了一张一样的贴上去，此举竟然救了女孩一命。只要心存希望，一切皆有可能。

爱因斯坦说过：“活出人生，只有两道，一是认为世上毫无奇迹，一是相信一切皆可以是奇迹。”为缔造有希望的未来，他永远不会停下脚步。他以实际行动告诉我们，不要甘心当奇迹的等待者，一定要成为奇迹的成就者。

当一个人立志改变世界的时候，他就会使出浑身力气去打破所有艰难险阻。李嘉诚就是这样的人。20 岁起，他就要求自己大量阅读大公司年报。60 多年来，他每天工作 12 个小时，晚饭后看 20 分钟英文电视，并大声跟着说；睡前一定要看书；早晨必须在 5：59 分起床。如今的李嘉诚，已经90多岁，尽管已经高龄，他依然坚持做一件事：每天6点起床，坚持打一个半小时左右的高尔夫球。

李嘉诚说：我一直深信，如果世界上有任何“成功秘方”，其中最关键的元素必定是你对成功的欲望，远远大于对失败的恐惧。

3年前，怀着“我留下来，就是要让兴文更好”的信念，陈婉虹同学留在了兴文。2018年她参加中山大学面试的成绩93.82分，获广东第一，全国第三，令人惊喜；高考542分被中山大学录取。婉若开心果，华如动人虹！毕业那天，陈婉虹在接受揭阳电视台采访时说道：“高中三年，错过了很多，现在想好好看看学校、恩师。奋斗一点都不苦不累！”真心流露，更是打动了前来采访的记者辜美绒，“很感动，看了几次兴文中学接受采访女生的镜头”，辜记者用最简洁的话，为婉虹的高中生活画上了一个完美的句号。陈婉虹浓缩了兴文办学的精彩，树立兴文自信，焕发兴文豪情，书写兴文骄傲！

二、人　因奋斗而幸福

今年NBA骑勇决赛再现，虽然骑士未能夺冠，但詹姆斯能在2:0落后的情况下带队杀进决赛，让勇士提心吊胆。一个33岁的强力得分后卫，如何保持充沛体力？詹皇每天5点半起床，除了训练各种篮球技术，还穿插着拳击、踢美式足球、翻轮胎、游泳、跑跑步机等，起到了灵活调节、避免枯燥的作用，对加强核心力量、肌肉群、反应能力、肺活量都大有帮助。篮球皇帝也这么拼，那我们呢？我们应该怎么做呢？

世界杯小组赛，葡萄牙队3:3战平西班牙队，C罗独中3球，32岁的他又有什么秘诀呢？英国媒体爆料，C罗在曼联效力时，每天至少花一个小时锻炼腰腹和肌肉。自从转会皇马后，他更加努力，每天2 000个仰卧起坐。越是站在世界之巅，越懂得自律！巨星之所以为巨星，不仅仅在于拥有精湛的技术，强悍的身体，更在于成绩背后强大的自律精神！从优秀到领袖，演绎着奋斗而来的幸福！

我们的雄鹰队，用奋斗的青春，让绿茵焕彩！男子高中足球队，是全市唯一连续四年杀进决赛的队伍。决赛时，因核心主力回东莞没能参加，但队员仍然发挥勇敢的拼搏精神，展现出技术水平。虽然没能夺冠有点遗憾，但已征服了观众。英雄流血不流泪，但对冠军的渴望还是让这些热血少年忍不住流泪。高中女子足球队虽然组队时间短，但凭借教练的用心组织，队员的积极配合，过关斩将，荣获冠军！他们将代表普宁，出战揭阳，期待铿锵玫瑰，魅力无限！

最近很火爆的电影《爸，我一定行的》，通过一对父子的故事，去映射潮汕人父子两代之间的冲突和爱。影片的主角369在学校不专注学习，经常玩游戏，一心想到社会闯。几次打工失败，到深圳发展，看到时常写信联系的高中校花，带着男朋友招呼他一起去吃饭。吃饭时他的不自在，让人感触良多。不要浪费表情，把友情当爱情。不管你是369，还是147，只有奋斗，才能有出息。潮汕不仅有网红、牛肉火锅，更应有诗和远方。潮汕素有“海滨邹鲁”之称，涌现出国学大师饶宗颐、华人首富李嘉诚、中国核潜艇之父黄旭华、腾讯马化腾、财政部长刘昆等优秀人物。他们是潮人真正的骄傲！在兴文也有中国科学院院士、复旦大学校长许宁生，外交部副部长郑泽光，考上北京大学的李源鸿，获得全国专利金奖的杨瑞雄，一个个闪光的名字，书写了奋斗成功的幸福！

同学们，“自强不息、志在一流”，我坚信，你一定行！

三、人　因文化而优雅

什么是文化？文化是根植于内心的修养，无须提醒的自觉，以约束为前提的自由，为别人着想的善良。

有文化的人胸怀宽广，会尊重人。司马懿说：“臣一路走来，一路没碰到敌人，只有朋友和师长”。这就是胸怀。凡事以人为师，定有大作为，最终“三国战久归司马”。

有文化的人有教养，行为文明得体。校园里的温和与包容，让个别学生习惯了肆无忌惮地犯错。如不穿校服，乱丢垃圾，玩电子游戏，上课迟到、不专注，口出粗话，甚至顶撞老师、父母。这些不文明的行为，也就是俗话说的“没文化”。无心非，名为错，有心非，名为恶！那个被你随手丢掉的，不只是垃圾，更是你的素养。

有文化的人有一颗仁善之心，乐于助人，可贵而优雅。8 月 30 日的强降雨使校园受浸。31 日凌晨，王主任拟好紧急通知在公众号发布，陈亮苗、廖钰、杜华忠和陈主任轮流通宵值班，观察水位；校内老师，随时准备，遇水位上涨，抢搬几万册课本。第二天水一退，二十多位老师和十几名体育生冲洗校园，住在流沙的赖伟东老师也赶来参加。这种自觉，见证了兴文人可贵的情怀，他们是最美兴文人！

潮汕险情不断。一场与时间赛跑、抗洪救灾的战斗瞬间打响。学校副董事长、桥善爱心协会会长陈金桥立即组织志愿者，分成三组，配了橡皮艇，投入救灾。一呼百应，许多人纷纷捐款捐物，壮大救援力量，为救灾做出了积极贡献。在洪水中的生命救援，涌现了一幕幕壮烈而又感人的画面和一个个平凡而又可敬的人物。他们用自己的挚爱、真情及担当抒写着人性中最美的篇章。兴文中学校董会副董事长陈文俊、陈金桥，校友陈秋忠等在救灾现场，得到广东省副省长叶贞琴、揭阳市长叶牛平、普宁市长林钢捷和占陇党政领导亲切接见并共同慰问了受灾人员。参与救灾的还有陈慈虹、杨雪华等校友，她们展现了兴文人可贵的品质。

校董会副董事长、普宁市桥善爱心协会会长陈金桥校友（左二）带队到校开展捐赠活动

兴文人，兴文情！在兴文，这种感人的故事很多！兴文校庆率先捐资一百万元的印尼华侨陈福林校友，多次捐赠书画并捐一百万元的书画大师吴齐校友，捐资一百五十三点八万元的深圳卫东龙陈卫东校友，捐资一百九十六万的翰宇药业董事长曾少贵校友。近期在吴坚财校友倡议下，热心人士捐赠初中部一千二百套桌椅；在陈慈虹校友倡议下，陈武雄校友积极组织，热心人士捐资十多万元帮助经济困难学生；在陈文俊校友倡议下，桥善爱心协会捐赠一批钙片；在杨旭恩校友的支持下，普宁汇成银行多次出资支持雄鹰足球队。一个个善举，一幅幅优雅的画面，让兴文更加可爱！

很高兴，在兴文遇到强大的您；很幸运，在兴文遇到奋斗的您；很自豪，在兴文遇见优雅的您！

活力足球　魅力兴文

——在普宁市中学生足球赛兴文中学表彰大会上的讲话

老师们、同学们：

大家好！金秋校园，天朗气清，惠风和畅。对高中、初中雄鹰足球队分别荣获普宁市中学生足球赛亚军、季军表示热烈祝贺！每个雄鹰队员，你们都是英雄，我为你们骄傲！对教练员、工作人员和热心球迷的辛勤付出表示感谢！对大力支持兴文足球的普宁市足协、普宁市双兴足球俱乐部、广东普宁汇成村镇银行、兴文中学陂头白马足球训练基地、85届初三（2）班同学会表示衷心的敬意！借此机会，我将赛场准备、比赛情况及对足球的一些想法与大家分享。

一、精心策划　营造氛围

我校作为普宁市首批全国足球特色学校，十分珍惜这次承办市中学生足球赛的机会。多次讨论研究，做好赛前准备工作，为市中学生足球赛的成功举办创造良好的条件和氛围。

一是赛场准备，细心到位。做好草皮修剪、场地修补、场地规划、展板布置、彩球悬挂、标语设置、举牌列队、志愿服务等一系列准备工作，营造既节俭又浓烈的氛围，深受好评。

二是开幕助兴，特色鲜明。为使比赛气氛更加浓烈，学校精心准备了三个节目，在开幕前助兴表演。雄狮献瑞，气势不凡；狮舞雄姿，令人赞叹；舞狮表演，激动人心。舞到高潮，雄狮展出“贺普宁市中学生足球赛在我校举行”的条幅，更令人喜出望外。希望普宁足球威震揭阳，扬名四方。快乐足球之花式表演，展现足球之美、足球之乐。娴熟的技巧，展现学生的足球艺术。威风少年武术表演，威武雄猛，活力十足，精彩纷呈，尽展英雄少年风采。助兴表演赢得观众的喝彩和阵阵掌声。普宁市教育局李局长兴奋地说："办学校就要像兴文中学一样，不只是追求成绩，而是全面发展。特色鲜明，充满活力，这才是真正的办教育。"

三是外教莅校，锦上添花。在普宁市双兴足球俱乐部总经理江泽鸿的大力支持下，日本籍的前洪都拉斯国家队 U20 青年队教练山野阳嗣和葡萄牙籍的中国国家五人制足球队前主教练安德烈·利马也莅校助兴，与队员亲切交谈、合影，还接受学生记者的采访。他们的到来，令人更加兴奋和激动，为赛事锦上添花。

二、顽强拼搏　展现风采

为迎接足球赛，雄鹰足球队利用假期，积极做好备战工作，取得了长足进步。

初中队原来没打算参赛，后来为了锻炼，临时报名。热身赛对阵麒麟队，13 号马浩鑫不慎受伤，方尤锐老师送他去看医生，第二天我问他，几天后的比赛能上吗？他说没问题。小组赛首场对阵麒麟队，旗鼓相当，1∶1 言和。第二场跟池尾街道，表现稳健，1∶0 取胜，获小组第一，进入四强。半决赛对阵梅塘镇，虽过早失球，但队员们顽强拼搏，追平比分。可惜防守出错，又失一球，最终没能打进决赛，有点遗憾。

高中队在备战中不仅天上掉下一个伍耿毅，而且王焕凯回归，实力大增。但在与普宁足协青训队热身赛中，陈浩宇不幸受伤。用药包扎后，我问他三天后的比赛能不能上，他说："一定上，怎么样也要上去拼。"揭幕战对阵去年的冠军二中，势均力敌，先失一球，马上追平。上半场还 2∶1 领先，下半场被追平，后来队长吴锐亮因受伤离场，队员在防守反击时犯规，被判点球告负。第二场对勤建，把握主动，下半场气势如虹，连进 2 球获胜。半决赛对阵拼劲十足、身体素质突出的城东队。防住对方 10 号核心队员，双方 1∶1 战平。点球中 4∶2 获胜，进入决赛。决赛对阵英才，上半场英才收缩防守，我队攻势凌厉，仅几分钟就二中门柱，一球从横梁上飞出，得势不得分。李局长在观看时说："兴文整体实力不错，打出气势。"下半场体力下降，在解围中失误，虽然最终与冠军失之交臂，有点可惜，但这正是足球的魅力所在。

冠军不一定最强，但冠军一定是强队。比赛过程中有许多令人感动的场面。王焕凯的大腿有旧伤，因碰撞又添了新伤，但他仍咬牙比赛。王梓锋在比赛的几天里肚子不舒服，还坚持比赛。队长吴锐亮在跟二中比赛受伤后仍在坚持，既组织进攻，又协助防守，跟城东拼到抽筋了还顶了下来。他们虽然不是冠军，却表现出冠军的品质。他们是英雄，为他们点赞！当时方尤锐老师的爱人身体不适，他一边照顾，一边不误工作。梁洪涛老师不仅晒黑了，而且更积极、更成熟。他们难道不值得点赞吗？

三、自强不息　勇攀高峰

许多人问我，普宁是篮球之乡，在普宁搞足球行吗？其实搞足球的目的，首先是树立人的运动意识，培养"健康第一"的思想。有成就的人没有不重视运动保健的。伟大领袖毛主席就喜欢游泳。他的诗词写道，"自信人生二百年，会当击水三千里"，"到中流击水，浪遏飞舟"。改革开放的总设计师邓小平，在 1979 年，75 岁的他还徒步登上黄山。习近平主席对足球、排球、篮球都喜欢，他也是一个足球迷。有一次跟棋圣聂卫平一起看中国队跟英国队友谊赛，中国队被连进三球，他很生气地先退场。运动能让大脑分泌多巴胺和血清素，是维护大脑状态的"健脑丸"，运动使人更聪明。高三的同学现在知道为什么要跑操了吧？我们开展太极拳运动，目的也是让你更聪明！

其次，足球是一项崇尚英雄的运动。因为有了英雄才让足球更有魅力。广东也是涌现足球英雄最多的地方。亚洲球王李惠堂，广东梅州五华县人，世界五大球王之一，曾任国际足联副主席。"看戏要看梅兰芳，看球要看李惠堂"传为佳话。1936 年柏林奥运会，他提前两个月带队出发，沿途比赛，23 胜 4 平，靠门票筹集资金。因长途跋涉，首轮被英格兰2：0淘汰。他有三个传奇：在中场带球连过四五名防守队员进入禁区射进球门；射门把球网射穿；主罚任意球，一名运动员在十米远用头顶他踢出的球，致使当场晕倒，26个小时后才清醒。他14岁时走出校门，能用英语演讲，用中文填词作诗，有十多本专著，代表作有《足球经》《足球技术》等。脚踢足球，手写文章，实在可贵！

容志行，身高171cm，中国队核心队员，志行风格为人称道，曾任深圳市体委主任。古广明以灵巧的身体，出众的技术，而有泥鳅的美名。赵达裕，身高只有160cm，技术全面，脚法精准，有矮脚虎的美誉。1984年，赵达裕踢入关键球，帮中国战胜世界冠军阿根廷。现国奥队主力、恒大球员廖力生为揭西县人，我们普宁草根球星吴宇长现也活跃在广东足坛的五人、七人赛场上。兴文也有泥鳅，初中队8号江佳帆，13号马浩鑫；也有矮脚虎，3号陈森洪；也有容志行，高中队长吴锐亮；也有C罗，13号王焕凯。人之所以能，是因为相信能。不要低估一颗想当冠军的心。我相信，兴文也能培养出国家队员。足球，让兴文多一道亮丽的风景。

最后，足球运动在中国迎来了发展的良机。国家的重视，将引起更多人关注和参与。五年后，中国足球将逐步进入繁荣期，十年后可望迎来鼎盛期。冲出亚洲、举办世界杯、世界杯夺冠三大目标一定会一步步实现。也将涌现出像霸气的拜仁、奢华的皇马、流畅的巴萨一样的俱乐部，足球很可能是未来的国球。

足球真是一项美妙的运动，让人热血沸腾，点燃激情，焕发青春，快乐无比。足球是勇敢者的运动，优秀足球员是男神的范儿，贝克汉姆让多少人为之倾倒。踢球是一份受人尊敬、可以带来收益的职业。学校也将积极开展足球运动，从初一级抓起，养成习惯，形成条件反射，运动成习惯，让更多人喜欢足球，享受足球带来的乐趣。争取社会、校友的大力支持，合作共赢，探索成立兴文雄鹰足球俱乐部，力争做到“普宁领先、揭阳一流、广东知名”。

今天，我们隆重表彰勇夺普宁市中学生足球赛亚军的高中雄鹰队和季军的初中雄鹰队，希望你们把赛场上的精神带到学习和生活中去。也请同学们向他们学习，把握每个机会，为兴文增光添彩！让我们共同努力，弘扬“自强不息，志在一流”的兴文精神，让英雄之花开遍兴文。

谢谢大家！

普宁市教育局局长李悦双（中）为球赛开球

问　道

更新教学观念 展现地理魅力

——新课标地理教学的几点尝试

由于传统教学模式的影响，地理课堂缺乏生机与活力，缺乏对学生好奇心的激发和智慧的挑战，师生的活力得不到有效发挥等问题依然存在。但是，随着社会的不断发展和知识经济的到来，以及新课标的全面实施，地理学科的教学观念和教学方式势必进行有益的变革。让学生学习对生活有用的地理，学习对终身发展有用的地理，充分调动学生学习地理的积极性，有效地提高学生的地理素质和创新能力是地理教师在新课程改革中的当务之急。那么，地理教师如何应对新课标要求，在地理课堂上展现地理的魅力，让学生喜欢地理并且学好地理呢？下面是笔者在地理教学实践中的几点尝试。

一、激发兴趣 让学生快乐学习

兴趣是人们力求认识某种事物或参与某种活动的积极倾向。学习兴趣是学习的最佳动力，热爱是最好的老师。杨振宁说：“成功的秘诀在于兴趣。”兴趣可以促成良好的学习情绪，进而激发理解与记忆的关键性动力——脑肽的释放，发挥大脑的内在潜能，在大脑皮层中形成兴奋优势中心，使脑神经处于积极、亢奋的思维状态，从而产生极强的求知欲，提高对知识的关注程度，对知识产生亲切感，使学生的学习活动总是处于一种精神陶醉和收获享乐之中。激发学生学习地理的兴趣的主要方式有：精心设计导言，用生动描绘激发兴趣；巧妙利用情景教学法，营造具体形象的情景，变单调为有趣；借助直观教具，充分利用挂图、投影、录像、板图、板画等，发展地理形象思维，降低教学难度；巧用语言艺术，将抽象概念具体化，深奥的理论形象化，枯燥的知识趣味化，使学生在学习中得到乐趣，有效地提高教学质量。如，讲“地方文化对旅游的影响”时，可先播放录像，展现安徽黄山、四川九寨沟、西藏布达拉宫、长江三峡、北京长城等令人向往的旅游胜地，同时播放悦耳动人的配乐。这样，学生目睹美丽如画的风景，耳听动人的讲解，如临其境，如闻其声，对地理知识的渴求和兴趣油然而生。讲地球的运动时用“坐地日行八万里，巡天遥看一千河”，创造出一种诗情画意般的教学环境，调动学生的学习兴趣。

二、转变角色　让学生自主学习

传统教育中的教师是权威，常常缺乏师生双方的互动与合作。新课标的实施呼唤建立新型的师生关系，即师生间的民主与平等。合作学习是地理新课标中着力倡导的一种新的学习方式。地理教师要成为学生学习的合作者，必须具有合作意识，“摆正位子，放下架子”，不再以“高高在上、唯我独尊”的权威形象出现在学生面前。联合国教科文组织国际教育发展委员会在《学会生存——教育世界的今天和明天》一文中写道：“教师的职责现在越来越少地传授知识，他将越来越成为一位顾问，一位交换意见的参加者，一位帮助发现矛盾论点而不是拿出现成真理的人。”这无疑要求教师转变角色，在课堂教学中充分发挥学生的主体地位和作用，实现由重“教”向重“学”的转变。教师要科学地设计好教学的各个环节，实施师生互动的双向教学形式，努力创设丰富的教学情境，营造宽松和谐的氛围，调动学生积极参与教学过程，激发学生的积极性、主动性和创造性。

教学生如何提出问题是自主学习的开端。诺贝尔物理学奖获得者李政道说：“学问，就是学习问问题。但是，在学校里学习一般是让学生答，学习如何回答别人已经解决了的问题。”也有人说：“美国教师把学生无问题教到有问题，中国教师把学生有问题教到无问题。”在地理教学中，教会学生如何提出问题，如何提出新颖、有独创性的问题，是学生自主学习的良好开端。教师应创设条件，培养学生的提问能力。如为学生质疑问难做出示范，保护学生提问的积极性，激发学生质疑的兴趣，灵活处理学生提出的问题。

教师应成为学生学习的促进者，创设参与式、讨论式、探究式等多种自主学习方式，激发动机，活跃思维，提升学生的地理学习能力。如可通过“答记者问”的方式，让学生依据课本内容，提出问题，上课时学生当记者对教师进行采访，由教师对学生进行评价并总结新课。这种方法充分发挥学生的主体作用，学生为了能更好地表现自己，积极提问，课堂由教师的“一言堂”变为师生参与的“群言堂”，不仅活跃了课堂气氛，也调动了学生参与教学活动的勇气和信心，有效提高学习质量。如，讲述北京时，让学生设计一个暑期北京旅游计划，要求在规定时间内完成多个旅游景区的游览，看谁设计得合理和有特色，更好发挥学生的学习主体作用，充分调动学生自主学习的积极性。

三、善用激励　让学生体验成功

建构主义学习理论认为，学生的学习过程应是主动构建知识的过程，这就要求教学不仅要充分发挥学生的主动性，对教学活动产生强烈的需要，还要有目标达成的切身感。善用激励，就是使不同层次的学生在获得肯定、鼓励和赞扬中去追求更高层次的目标。美国著名心理学家威鲁姆斯说：“人类本性最深处的企图之一是期望被赞美、钦佩和尊重。”希望得到尊重和赞美，是人们内心深处的一种愿望，对于学生在学习上的进步，哪怕很微小，教师都应该热情地予以肯定和赞扬，给以激励，使其保持积极向上的心态，从而对学习充满热情，对未来充满自信。

激励也要讲究方式方法，才能充分发挥作用。首先，要真诚赞美，让学生体验到教师的每一句激励都是发自内心的真情实感，决不能有造作甚至马虎应付，以免学生反感。其次，要了解学生心理需要，恰当地给予激励。对学习有困难的学生要及时发现其闪光点，给予肯定，激励他们在原有基础上有所进步；对各方面素质较好的学生，则要鼓励他们向更高的目标努力。再次，要创设不同层次的问题，满足不同层次学生的需要，让不同层次的学生都能获得激励和成功的机会。学生在每一次成功的课堂活动，获得老师赞扬和激励，有了成功的体验，他们就有争取第二次、第三次成功的强烈愿望。教师更应该创设一些问题，让基础较差或性格内向、胆小的学生得到激励，让他们体验成功的喜悦，树立“心理优势”。最后，激励要新颖独特，灵活多变，以满足学生求新好奇的心理。

四、开展探究　让学生学会创新

在大力推进素质教育的形势下，如何突破传统教育模式，推进研究性学习，从而发展学生的创新精神和实践能力，是值得地理教师探索的问题。引导和组织学生开展专题探究是一条行之有效的途径。地理学科具有很强的应用价值和鲜明的地域特色，教师要有强烈的时代责任感和一定的科研意识，关注社会的发展和科技的进步，引导学生关注社会，面向生活实际，选择具有一定创新价值且可行的课题。专题探究作为一种新的教育模式，教师的作用不是单纯传授知识，更重要的是指导科学方法，体现以学生为主的学习方式，让他们尝试和体验科学研究的全过程。学生在研究过程中不仅获得了知识和能力，而且初步了解了科学研究的方法，提高了科学素养，培养了他们求实的科学态度和科学精神。

我校结合地理学科特点和学校实际，选择了曾经辉煌一时的桥柱“铁街”开展专题探究，成立专题探究小组，制定探究的步骤和方法，发放调查表，确定采访对象。黄春亮同学特意到顺德区乐从镇采访，上网查阅资料，深入细致地对普宁市占陇镇桥柱“铁街”钢铁产业（主要是销售业）的发展和现状做了调查研究，分析了阻碍“铁街”发展存在的十个问题，提出了树立科学发展观的四个策略。专题调查研究报告《树立科学发展观　再创“铁街”新辉煌》在《校报》刊登后深受好评，参加揭阳市第一届青少年科技创新大赛荣获二等奖，并送省参加评比。探究小组的同学不仅充分发挥个人特长，展示了才华，获奖后，他们共享了成功的喜悦，更重要的是他们的创造潜能得到发挥，让更多的同学树立了自信，积极参与探究活动，使我校的研究性学习更好地开展。

新课标的实施为地理教学提供了更广阔的空间，更新教学观念，构建充满活力的地理课堂，展现地理课魅力，让学生喜欢地理，学好地理，让地理更好地为学生的终身发展服务。

参考文献

1. 郭东岐：《教师的适应与发展》，北京：首都师范大学出版社，2001 年版。

2. 朱慕菊：《走进新课程——与课程实施者对话》，北京：北京师范大学出版社，2002 年版。

3. 陈胜庆：《开展课题研究发挥学生潜能》，《中学地理教学参考》，2001 年第 4 期。

（本文 2005 年 5 月发表于《广东教育》）

浅谈地理学习兴趣的培养

兴趣是人们力求认识某种事物或参与某种活动的积极倾向，学习兴趣是学生渴求获得知识与深入认识世界的积极倾向。它表现为好奇、求知、研究、操作、掌握等。学习兴趣是学习的最佳动力，热爱是最好的老师。兴趣产生动机，引起注意，激起情感，促使感知清晰，思维活跃，想象丰富，印象深刻，记忆牢固。伟大的教育家夸美纽斯认为："兴趣是创造一个欢乐和光明的教学环境的重要途径。"著名心理学家皮亚杰先生指出，所有智力方面的工作依赖于兴趣。我国教育家陶行知先生认为："教学方法必须依据学生的兴趣，使学生在学习过程中得到乐趣。"在地理教学中，要想提高教学质量，提高学生地理素质，培养学生学习地理的兴趣，无疑是一条重要的途径。我在近十年地理教学中，从不同角度启发、诱导、激发学生学习的兴趣，把地理变成学生喜爱的学科。

一、精心设计课堂引言

地理教师应注重新课导言的艺术性，善于利用情景教学法，巧妙选择地理知识的结合点，用生动的描绘激发学生浓厚的学习兴趣，使之进入最佳求知欲状态。在讲地震时，可用低沉的语言说："1976 年 7 月 28 日凌晨 3 时 42 分，一场空前的、惨绝人寰的地震在河北省唐山市发生了，无辜的唐山市民正沉睡在甜蜜的睡梦之中，毫无知觉地陷入了这场劫难。仅仅几十秒钟，地震释放的能量使 24.2 万人罹难，16.4 万人终身伤残，直接经济损失达 100 亿人民币。"这时，同学们都迫切地想知道为什么会发生地震，怎样才能预报地震，并把地震带来的危害降到最低程度。

二、充分利用直观手段

地理事物具备广阔性，又由于学生年龄和见闻的局限，很多地理事物或现象对学生来说是不可能或从未感知过的，因此必须借助各种直观教具，引导学生从感知开始，发展他们的地理形象思维，才能扫除地理教学中枯燥无味、死板沉闷的气氛，出现生动活泼的局面。常用的教具有地图、标本、模型、幻灯、电影、板图板画。它们各有所长，互为补充。依据教学内容和学校的具体条件，我更加注重发挥板图的直观作用。在板图创作中把知识具体化、形象化，为学生感知理解和记忆知识创造条件，降低教学难度，激发学习兴趣，发挥学生主动性。如将课本中一些抽象的概念原理等知识用板图形象地表示，利于学生加深印象、理解记忆。如地质年代顺序学生感到比较难记，通过板图就能形象地反映其时代先后顺序、新老关系，化抽象为形象。课本中的文字描述往往是静态的，学生看不到摸不着，感性较差，教师通过箭头，化静态为动态边讲边绘就能非常直观地反映变化趋向，如世界主要工业布局趋向图。部分课本原理、分布规律，学生一时难于理解、弄懂。他们的时空意识较弱，板图直观教学就起到事半功倍的作用，化难为易，如太阳直射点周年变化图。

三、巧用文学语言艺术

课堂教学语言运用之功，在于能把抽象的概念具体化，深奥的理论形象化，枯燥的知识趣味化。富有趣味的讲授，生动形象，能够强化学生的条件刺激，引起学生的直接兴趣，感受深刻，思维活跃。

1. 巧设比喻

恰当的比喻，使抽象问题形象化，复杂问题简单化，枯燥问题趣味化。如讲“震级”和“烈度”时用炸弹作比喻，炸弹的“爆炸力”相当于震级，“杀伤力”相当于烈度。一颗炸弹的爆炸力是固定的，但该炸弹造成的杀伤力，除受爆炸力的直接影响以外，还受爆炸的远近、预防措施等其他因素的影响。用这个比喻，使学生清楚了“震级”和

“烈度”的不同，使深奥的问题浅显化，加深学生对所学知识的印象。

2. 巧用谜语

谜语是我国的国粹，是一种文字游戏。它曲折有致，变化多端，寓意奥妙，耐人寻味，而且能启迪智慧，陶冶性情，培养推断能力。在教学中适时引入谜语，可活跃课堂气氛，调节学习情绪，激发学生兴趣。如讲到“昆明准静止锋”这一难点时，可出谜语：一寸光阴一寸金，猜一地名，贵阳，加深学生对昆明准静止锋的概念及成因理解。

3. 巧借诗词

诗词歌赋，朗朗上口，应用得法，能创造出一种诗情画意般的教学环境，可使学生如临其境，如闻其声。如讲地球的运动时，用“坐地日行八万里，巡天遥看一千河”；讲垂直地带性时，用“人间四月芳菲尽，山寺桃花始盛开”；讲生态系统的物质循环时，用“落红不是无情物，化作春泥更护花”；讲到森林涵养水源保持水土时，用“明月松间照，清泉石上流”。

4. 巧插故事

形象生动的故事，能对学生产生很强的吸引力，能激发学生的求知欲望和学习兴趣。如讲“密度流”时引用第二次世界大战“洋流助战”的故事（第二次世界大战时，德国军队潜水艇在关闭发动机的情况下，顺利进出由交战国英国严密把守的直布罗陀海峡，躲避英军的袭击，并从背后给予英军守兵以沉重的打击），从而激发学生对密度流的探索兴趣，加深对密度流成因的理解。

5. 巧引谚语

地理教学中恰当引用谚语进行教学，能使教学内容通俗易懂，且易生趣，加深学生对地理知识的理解和应用。如用“一山不容二虎”谚语讲解生态平衡能量流动逐级递减的特点，言简意明，富有启发性；用“不误农时”能让学生充分理解农业生产的季节性。

四、巧妙引入地理信息

中学生有强烈的进取心和好奇心，善于接受新鲜事物。在课堂教学中巧妙引入地理信息，不但能够活跃课堂气氛，而且能够培养学生学习地理的浓厚兴趣，开拓了学生的思维能力。在讲中国的水旱灾害时，及时公布1997年我国夏季“北热南凉”的现象并分析“中国1997年气候反常与厄尔尼诺现象的关系”，使学生对肆虐全球的厄尔尼诺现象有了初步的了解和认识。

五、进行地理调查考察

进行地理调查、野外考察是对学生第二课堂教学、深入掌握地理知识的有效途径，是一种教学辅助活动，能使学生的眼耳手同时得到锻炼，既能激发学生的学习兴趣，培养学生的观察能力和实践能力，还能使学生对周围的地理环境有更进一步的了解，把学到的理论知识运用于实践，培养学生解决实际问题的能力，增强了学生的思维能力和独立获取地理新知识的能力，激发了他们渴求知识的欲望。如组织学生进行普宁市城市布局合理性调查、居民消费情况调查；参观合资厂振兴玩具厂，到潮阳市海门镇参观海岸地貌，到汕头参观北回归线标志塔。这些活动可以活跃地理教学气氛，圆满完成教学任务，提高学生地理素质。

培养学生地理学习兴趣的方法多种多样，各有所长，互为补充，要依据中学生好奇、好学、好动、好胜的心理特点及其知识实际，按照地理学科和地理教学的特点，根据学生、教材、学校实际情况、教师本人的特长，综合考虑，精心设计，灵活运用，才能收到较好的教学效果。

（本文1997年5月获广东省教师论文评比二等奖）

打造学校文化　构建和谐校园

党的十六届四中全会首次提出“构建和谐社会”，中央经济工作会议也把构建和谐社会作为经济工作的重点进行研究和部署。“和谐”对学校工作同样具有重要意义，一所学校只有和谐才能更好地发展。具有灵魂和生命的学校文化是学校发展的动力和支撑，是构建和谐校园的关键。学校文化是学校的生命所在，是一所学校中大多数人在学习、工作中所体现的独特的行为方式和处世态度。学校文化对于生活在其中的个体来说就是一本活生生的教科书。一所学校的文化主要表现为四种形态：物态文化、制度文化、精神文化和行为文化。它们互相渗透，构成一个有机整体，而学校文化的核心应该是精神文化。打造高品位的学校文化，用高雅的文化和学校精神陶冶人、感染人、激励人，提高人的精神境界，激发内在动力，引起心灵共鸣，奏响和谐的旋律，共同成就学校的美好未来。如何打造校园文化，促进人的全面发展，构建和谐校园呢？下面是笔者近几年实践中的几点尝试。

一、注重环境文化　发挥熏陶作用

马克思认为：“人创造环境，同样环境也创造人。”我校高度重视环境对学生人格塑造的影响，充分发挥校园环境的陶冶作用，在“润物细无声”的教育中纯洁学生心灵，陶冶学生情操。

1. 精心设计“品”字形的花园

意大利诗人但丁有一名言：“一个知识不全的人，可以用道德去弥补；而一个道德不全的人却难以用知识去弥补。”办学以人为本，做人以品为先。“品”字形的花园时刻提醒师生品字当先，以高尚情操和健康人格作为精神支柱和内在灵魂。

2. 营造良好育人氛围

在注重校园绿化、美化的同时，我校更注重校园的知识化，使校园环境无处不体现教育性，更好地熏陶、感染和鞭策每一个学生。在显眼位置书写“讲学习、讲文明、讲正气”“有理想、有道德、有文化、有纪律”“欲穷千里目，更上一层楼”“书到用时方恨少，事非经过不知难”“奋斗显骨气，成功展豪情”等标语、警句，使育人氛围更浓厚，使德育渗透于学生的日常学习生活之中。这种潜移默化的育人方式，已成为我校文化育人的一个独特的亮点。

3. 优化教室环境　创建教室文化

优化教室环境，学生会潜移默化地对班级产生认同感、亲切感和自豪感，对于班级的和谐发展有独特的功能。做好教室前花岛的绿化、美化；室内的布置、设计体现个性化和人文化，如别具一格的激励性口号、精美图片、优雅条幅，营造赏心悦目、情趣高雅、催人向上的良好文化氛围，给人以精神鼓舞，凝聚良好的班风。开展教室文化评比，各班取长补短，更好地促进教室文化建设，各班创作或选取一首歌曲作为班歌，在唱班歌中增强学生对班级的认同感和自豪感。

二、塑造观念文化　培育学校精神

我校不仅注重浅层的校园环境文化的建设，更重视深层的校园精神文化的塑造。学校以“敦品、笃学、励志、进取”为校训，以“热诚、善导、创新、高效”为教风，以“尊师、勤奋、探究、自强”为学风，请专业人士谱写校歌、设计校徽。充分发挥校联的励志作用，请学者、老师和《羊城晚报》“联名得意”栏目编辑为我校撰写“桥通天堑励学子，柱砥中流振师魂”“早立题桥志，相期铸柱功”等十多副校联。率先在普宁市初级中学创办《校报》，《校报》不仅是师生展示才华的舞台，还是校园文化的缩影，外界了解桥中的窗口，联系情谊的桥梁，更是学校引导学生学会做人，激励师生积极进取，培育品格高尚、奋发有为、锐意进取的桥中精神的重要阵地。创佳作登校报，出成绩上校报，已成为许多师生追求的目标。《校报》参加《德育报》杯首届全国校报校刊评选荣获一等奖，更好地提升了学校文化品位。《校报》不仅是学校的文化缩影，更是学校的形象大使，许多人对桥中拥有出色的《校报》而由衷赞赏。校园精神文化的强化，有力地提高了校园文化的品位和档次，增强了学校的同心力、凝聚力，激发了师生的自豪感、责任感和使命感。

三、传承中华文化　铸造文化之魂

中华民族，历史悠久；中华文化，源远流长。文化是民族的生命，文化与民族共生存。道德是民族文化的一部分，是文化的灵魂，也是一个民族文明程度的重要标志。弘扬中华文化，传承中华美德，是高品位校园文化的价值支柱，也是构建和谐校园的关键，在博大的中华传统文化教育中，我校侧重以下三个方面。

1. 开展“孝心”教育　弘扬伦理文化

“礼”是中华传统美德的特质。中国古代的礼仪以修身为基础，内心树立了德，所表现出来的行为必然合于礼，礼以内心的德为基本前提。伦理文化是我国礼仪文化的重要组成部分，知书达理，从尊重别人做起，尊重别人从孝敬父母开始。我校把“孝”放在学校德育工作的重要位置。充分利用学生大会、班会课对学生进行“孝心”教育，引导学生发扬中华民族的优良传统，在家做个孝顺父母的好孩子；深化细化“孝心”教育工作，将叙写父母艰辛和深沉无私的爱的优秀文章《娘》《父亲》印发到各班，组织学习、讨论，以深情激发亲情；提倡学生在“母亲节”中为自己的母亲送上有意义的礼物，提倡学生每天给父母一句亲情的问候，每天至少做一次家务活，经常与父母谈心；举行“孝敬父母，报效祖国”的演讲比赛。“孝心”教育的开展，使学生日益淡薄的伦理观念得到改变，许多家长认为他们的子女比以前更懂事、更孝顺了，学生的品质也得到了内化。

2. 开展“爱心”教育　弘扬美德文化

“仁爱”之心既是传统美德，也是现代人文素质的内涵。只有具备爱心的人，才能成为人格完整的人。我校成立“爱心基金”，每学期开展一次“爱心周”活动，唤起学生对爱的认识，培养学生懂得爱他人与“传递”爱心，学会关心人，尊重人，与人为善，助人为乐，乐于助人，完善人格修养。我校把“爱心基金”得到的捐款用于扶持经济困难学生和慰问患病师生，既培养了学生仁爱之心，又弘扬了中华传统美德，使学校好人好事不断涌现。

3. 打造诗书校园　弘扬对联文化

对联，又称对子，是中华民族一种独特的短小精悍、雅俗共赏的文化载体，是华人文化的鲜明标志，是中华文化的精粹。它短小精练，易学易会，应用方便。好的对联要做到构思巧妙，文辞洗练，寓意深刻，对仗合理，音律优美，达到诗化的境界。在学校开展对联教育，可增添校园的人文底蕴和诗书氛围，对学生有良好的引导、指示作用，使学生语言文化素养受到有益的熏陶。我校请学者专家撰写十多副校联，给学生以示范作用，语文课讲授对联知识，《校报》开设“校园联趣”栏目，请学者到校开设对联讲座等，引导学生学习对联文化，培养人文精神，提高文化修养。

四、丰富校园活动　满足文化需求

信息时代的到来，学生受到的影响日益多元化，各种格调低下的流行文化、粗俗文化，甚至有“毒”有害的文化活动，对学生的诱惑和影响不断增强，导致一些学生出现理想淡化、追求潮流、行为无序、是非不明、个人至上等不良现象。作为学校，应该多方努力，组织开展内容丰富、形式多样的文化活动，用先进的、健康的文化去充实学生的精神世界。

1. 开展专题教育　引发思想共鸣

需要的才是最好的。了解学生所思所想，适时开展适合青年学生的、具有道德教育价值的、主题鲜明的专题教育，引发学生思想共鸣。如，针对学生存在不良习惯，开展“和风细雨展淑女气质，谦恭礼让显绅士风度”的专题教育；针对学生学习动力不足，开展“标兵、追兵、排头兵”的专题教育；结合抗击“非典”，开展“弘扬‘抗非精神”的专题活动；结合“神舟五号”载人飞船成功发射和返回，开展“学航天英雄，做桥中新星”的专题活动；结合奥运会，开展“弘扬奥运精神，立志为校争光”的专题活动……

2. 创新管理文化　培养管理能力

中学生自我意识强，非常自尊，特别好胜。在学生管理上，我校把学生当作服务的主体，关注其自我教育、自我管理能力的培养。建立“五三”卡制度，引导学生认识自我，完善自我，超越自我。成立学生会，民主竞选学生会干部，让学校篮球队员和学生会干部协助学校日常管理，为他们搭建展示自我的舞台，提供自我管理的空间，培养学生的主人翁意识，充分发挥自我管理的能动性和创造性。

3. 成立兴趣小组　培养学生特长

我校把兴趣活动作为课堂教学的延伸和补充，努力为学生提供一个自由、健康发展的机会。开办了演讲、文学与应用写作、美术、书法、舞蹈、音乐、篮球、乒乓球、武术、电脑等兴趣小组，各科组还相应成立了学科兴趣小组。由于兴趣小组是学生主动参加，兴趣浓厚，积极性高，学习氛围好，学生才华和特长得到很好的发展。2004 年，初一年级舞蹈兴趣小组编排的舞蹈《英雄赞歌》，在市中小学生文艺会演中深受好评，荣获“优秀奖”。

4. 开展课外活动　活跃校园文化

举办英语会演、演讲比赛、摄影比赛、书画比赛、歌咏比赛、篮球赛、文艺会演等丰富多彩的课外活动，激发学生参与的积极性和主动性，寓教于乐，效果显著。如英语科通过举办英语节目会演，激发了学生学习英语的主动性，学生学习热情高涨，英语科成绩突飞猛进。

校园文化是学校办学思想的重要载体和具体体现，是优良校风的根本保证，也是建设和谐校园的重要组成部分。我校充分发挥校园环境文化的熏陶作用，着力培育学校精神文化，弘扬中华优秀文化，铸造文化之魂，开展丰富多彩的文化活动，满足学生文化需求，不断提升学校文化品位，积淀深厚的人文底蕴，不断提高学校的凝聚力、亲和力和向心力，促进学校的和谐发展。

参考文献

1. 滕永波：《建设和谐校园》，《中小学校长》，2005 年第 9 期。

2. 夏孟珏：《引导学生的文化需求》，《中小学校长》，2005 年第 3 期。

3. 王殿卿：《传承中华美德与培育公民道德》，《思想 · 理论 · 教育》，2005 年第 6 期。

（本文 2007 年 8 月发表于《今日中国》广东版）

探索“四重”育人模式　创办农村优质学校

我校地处农村，学生起点低，素质参差不齐，大多数学生学习积极性不高，学校教学条件也相对落后。面对农村学校这些实际情况，如何全面贯彻党的教育方针、全面实施素质教育、培育全面发展的新型人才，是摆在校长面前一个重要的课题。我校坚持以人为本的思想，搞活形式、发挥优势、务实开拓，通过积极探索“重做人、重兴趣、重能力、重发展”的“四重”育人模式，形成了自己的办学特色，教育教学质量跃上了新的台阶。

一、重做人

德育是学校工作的灵魂，我校把“重做人”放在德育工作的首位，既体现了“以人为本”的办学理念，也突显了学校的人才观。目标是努力促使学生学会做人。我校主要开展以下四个方面的工作。

1. 重视环境熏陶　引导学生完善自己

马克思认为：“人创造环境，同样环境也创造人。”我校高度重视环境对学生人格塑造的影响，充分发挥校园环境的陶冶作用，在“润物细无声”的教育中纯洁学生心灵，陶冶学生情操。一是精心设计“品”字形的花园。意大利诗人但丁有一名言：“一个知识不全的人，可以用道德去弥补；而一个道德不全的人却难以用知识去弥补。”办学以人为本，做人以品为先。“品”字形的花园时刻提醒师生品字当先，以高尚情操和健康人格作为精神支柱和内在灵魂。二是营造良好的育人氛围。在注重校园绿化、美化的同时，我校更注重校园的知识化，使校园环境无处不体现教育性，更好地熏陶、感染和鞭策着每一个学生。在显眼位置书写“讲学习、讲文明、讲正气”“有理想、有道德、有文化、有纪律”“欲穷千里目，更上一层楼”“书到用时方恨少，事非经过不知难”“奋斗显骨气，成功展豪情”等标语、警句，使育人氛围更浓厚，使德育渗透在学生的日常学习生活之中，这种潜移默化的育人方式，已成为我校德育工作的一个独特亮点。

2. 塑造校园文化　培育学校精神

我校不仅注重浅层的校园环境文化的建设，更重视深层的校园精神文化的塑造。学校以“敦品、笃学、励志、进取”为校训，以“热诚、善导、创新、高效”为教风，以“尊师、勤奋、探究、自强”为学风，请陈希文老师谱写校歌，请许丹斌老师设计校徽。率先在普宁市初级中学创办《校报》，《校报》不仅是师生展示才华的舞台，还是校园文化的缩影，外界了解桥中的窗口，联系情谊的桥梁，更是学校引导学生做人，激励师生积极进取，培育“品格高尚、奋发有为、锐意进取”的桥中精神的重要阵地。校园精神文化的强化，有力地提高了校园文化品位和档次，增强了学校的同心力、凝聚力，激发了师生的自豪感、责任感和使命感。

校园晨韵

3. 选准切入点　增强实效性

我校确定了“以生为本”的人性化定位，选择有利于引起学生心灵碰撞、产生共鸣的德育内容，增强德育工作实效性，更好地引导学生学会做人。

一是开展“孝心”教育。把“孝”放在学校德育工作的重要位置。充分利用学生大会、班会课对学生进行“孝心”教育，引导学生发扬中华民族的优良传统，在家做个孝顺父母的好孩子；深化细化“孝心”教育工作，将叙写父母艰辛和深沉无私的爱的优秀文章《娘》《父亲》印发到各班，组织学习、讨论，以深情激发亲情；提倡学生在“母亲节”中为自己的母亲送上有意义的礼物，提倡学生每天给父母一句亲情的问候，每天至少做一次家务活，经常与父母谈心；举行“孝敬父母，报效祖国”的演讲比赛。“孝心”教育开展后，许多家长认为他的子女比以前更懂事、更孝顺了，学生的品质也得到了内化。

二是开展“爱心”教育。“仁爱”之心既是传统美德，也是现代人文素质的内涵。只有具备爱心的人，才能成为人格完整的人。成立“爱心基金”，每学期开展一次“爱心周”活动，唤起学生对爱的认识，培养学生懂得爱他人与“传递”爱心，学会关心人、尊重人，与人为善，助人为乐，乐于助人，完善人格修养。

4. 创新机制　培养自我管理能力

中学生自我意识强，非常自尊，特别好胜。注重为学生提供广阔的舞台，激发其奋发向上的内驱力，用积极因素去克服消极因素，战胜自我，不断走向成熟。为培养学生自我管理能力，我校创新机制，成立学生会，让学生干部协助管理学校日常事务，参与课外活动的策划与组织，全面提高学生的自我管理能力。

二、重兴趣

兴趣是人们力求认识某种事物或参与某种活动的积极倾向。学生喜欢学什么，不喜欢学什么，常以学习兴趣为转移，学习兴趣是学习的最佳动力；热爱是最好的老师，浓厚的兴趣是创造性学习的重要条件，是学生成才的起点。

1. 激发兴趣 变“苦学”为“乐学”

为调动学生学习积极性，培养学生浓厚学习兴趣，要求老师在教学中从不同角度启发、激发学生的学习兴趣，精心设计导言，用生动描绘激发学生的兴趣；巧妙利用情景教学法，营造具体形象的情景，变单调为有趣；借助直观教具，发展形象思维，降低教学难度，激发学习兴趣；巧用语言艺术，将抽象的概念具体化，深奥的理论形象化，枯燥的知识趣味化，富有趣味的讲授，可以使学生在学习中得到乐趣，还可以激起情感，活跃思维，感受深刻，更有效地提高教学质量。

2. 成立兴趣小组 变“要我学”为“我要学”

我校把兴趣活动作为课堂教学的延伸和补充，努力为学生提供一个自由、健康发展的机会。开办了演讲、文学与应用写作、美术、书法、舞蹈、音乐、篮球、乒乓球、武术、电脑等兴趣小组，各科组还相应成立了数学、英语、物理、化学等学科兴趣小组。由于兴趣小组是学生主动参加，兴趣浓厚，学习氛围好，积极性高，学生才华和特长得到很好的展示。2003 年我校篮球兴趣小组有 4 名队员被选派到占陇镇少年篮球队，在普宁市第二届运动会中一举夺魁；2004 年，初一年级舞蹈兴趣小组编排的舞蹈《英雄赞歌》在市中小学生文艺会演中深受好评，荣获“优秀奖”。

3. 丰富第二课堂活动 学习娱乐化

举办英语会演、演讲比赛、“我最喜爱的一本书”征文比赛、摄影比赛、书画比赛、歌咏比赛、篮球赛、文艺会演等丰富多彩的课外活动，激发学生参与的积极性和主动性，寓教于乐，效果显著。如英语科通过举办英语会演，激发了学生学习英语的主动性，学生学习热情高涨，英语科成绩突飞猛进。

学生参加地理野外探究活动

三、重能力

传统教学侧重对学生应试能力的培养，忽略了对学生其他能力的培养。我校在培养学生能力方面重视指导学生学习方法，着重培养学生思维能力，激发创新能力。

1. 重视学法指导　提高学生学习能力

传统的提高学生学习能力的“应试教育”，强迫学生读死书、死读书，禁锢人的智力发展，扼杀人才。达尔文说：“最有价值的知识是关于方法的知识。”学法指导即教学生学会学习，教师教给学生学习的方法，让学生成为学习的主人，最大限度地调动学生的主动性和积极性，激发学生的思维，培养学生正确的读书观，掌握科学学习方法，养成爱读书、会读书的好习惯，不断地提高学生的学习能力。

2. 培养学生思维能力　激发创新能力

我校把培养学生的思维能力作为教育工作的核心内容。主要做到：创设必要的问题情境，指导学生理解和分析问题，如一题多解和一题多变，训练学生解决问题的各种技巧。鼓励学生发挥创造性，允许标新立异，掌握提出问题的思维方法，大胆提出问题。尝试通过科学探究来解决问题，不断提高学生创造性思维能力，激发学生创新能力。如在文艺会演中，学生把环保理念融入时装表演中，用塑料膜、报纸、厚纸皮、布碎等废弃物制作成款式新潮的服装，充分体现了学生的创新能力。

四、重发展

传统的应试教育注重知识的传授，把学生当成知识的“容器”，只注重应试能力的培养，把学生训练成考试的“机器”，挖尽学生潜能，成为高分低能的人。教育要为社会的发展服务，人才的培养要适应社会发展需要。我校十分重视学生的可持续发展，着眼人的发展，实现人的发展，满足社会的需要，把人的发展放在特别重要的位置。“以学生为本”使学生的能力得以充分的发展和展现，培养学生潜能，适应社会需要，成为身体强健、品德高尚、感情丰富、意志坚强、知识扎实，各方面的才能协调发展，富于创新精神，能够为社会发展做出贡献的“四有”人才。

做人是立身的根本，兴趣是学习的动力，能力是成才的关键。重做人、重兴趣、重能力、重发展已较好地融入我校教育教学之中，并发挥着重要的作用。近年来，学校呈现了校风正、学风浓、质量高、声誉好的喜人局面，成为在普宁市有一定影响力的优质学校。由于学校管理优良和业绩突出，学校2002年被评为“普宁市十佳校园”，2003年被评为“普宁市文明学校”，2004年通过评估成为“普宁市一级学校”。虽然“四重”育人模式已取得明显成效，但它还有很多不成熟的地方，在今后的工作中，我校将不断加强理论学习，集思广益，充实、完善“四重”内容，增强其科学性、实效性和操作性，以期发挥更大的作用，再创学校新业绩。

（本文2005年2月发表于《揭阳日报》）

特色兴校　科学发展

地处普宁东部农村的兴文中学，是一所具有八十年办学历史的传统名校，曾培育出一大批政界精英，科教俊彦，商界巨子。随着时代的发展，城市化进程的加快，这所地处农村大地的传统名校面临着尴尬的局面：普宁东部的大量学子不断向市区高中学校涌入，造成学校生源数量减少，而伴随生源数量的减少不可避免的是生源质量的下降。尽管兴文中学的发展面临着困难，但我们在困难面前更应该振奋精神，有所作为。

近年来，兴文中学高考连创佳绩，上本科线人数由 2007 年的 48 人上升到 2011 年的 160 人，实现了上本科线人数的大跨越。2014 年上本科线 154 人，上“一批线”10 人，其中陈晓萍、蔡丹萍同学被中山大学录取。学校多次获得揭阳市“高考成绩优异”奖，普宁市“高考优异”奖。这些成绩相对于多年来勇夺揭阳市中、高考桂冠的我市来说是微不足道的，但对我们来说，已是来之不易。特别令兴文人骄傲的是：当年中考成绩列全市第 221 名的陈家伟同学，2011 年高考理科 648 分，列普宁市第 6 名，揭阳市第 10 名；2012 年，中考 323 分的苏美纯同学美术上清华大学线，被中国美术学院录取；中考 487 分的陈树锐同学上一批线，被天津美术学院录取；2012 年只考 447 分上三 A 线的钟培智同学，经过一年的复读，去年以总分 595 分上了第一批；中考仅 182 分的巫梓煜同学也上了三 A 线。“让学生从平凡成长为优秀，从优秀走向卓越”已成为兴文办学的突出亮点。

兴文中学高考之所以能连年取得优异成绩，离不开独特的办学文化和科学的管理机制。

2017 年，兴文中学获揭阳市教育局颁发的“高考成绩优异”锦旗

一、先进理念激动力

学校结合时势，淬炼、提升学校的办学理念，并用先进的理念统领学校发展，感召学校师生奋发进取。一是树立“自强不息，志在一流”的学校精神；二是确立“明道笃行”的校训；三是修订“主动发展，和谐共进”的校风；四是淬炼“让学生成才，让教师成名，让学校成功”的办学理念。

二、独特德育现活力

我校由于生源参差不齐，且位于商贸活跃的占陇镇，创造适合学生的德育环境，创造生命涌动的校园，显得十分重要。我们以“优秀做人，成功做事”为主线，突出“礼仪”“孝心”“爱心”“理想”四大主题，让学生懂礼仪、明孝道、存爱心、有理想，更好地展现自我，超越自我，放飞梦想，为高考的成功而努力。

1. 景观文化

精心打造景观文化，用环境来熏陶学生，在教学楼悬挂巨幅孔子画像和陶行知画像，在综合楼天井建设“鲤跃龙门”景观，催人上进，激励学生在高考中奋力争先。

2. 传统文化

让学生学习《弟子规》《了凡四训》等传统文化读物，培养学生爱亲敬长的孝悌意识，养成诚实守信的做人品行，潜下心读好书。

3. 校友文化

利用独特的校友文化，用成功校友来激励学生。学校利用校报介绍校友风采，教学楼悬挂知名校友简介，还邀请知名校友回校召开讲座，有世界力学专家许为厚，上海东华大学副书记吴楚武，广东机械高级技工学院院长陈俊鸿，中国动漫第一编剧庄伟斌，广州美院著名青年画家陈朝生，中国发明专利金奖获得者、全国劳动模范杨瑞雄，普宁市畜牧水产局前局长陈喜鸿等七位校友。成功校友的先进事迹，既培养了学生的自豪感和爱校情感，也激发了学生“学习优秀校友，争做成功兴文人”的坚定信念。

4. 科技文化

发挥办学特色，活跃校园文化。学校每年开展“科技周”，培养学生的科学态度、科学精神、科学方法和创新精神。参加广东省第 22 ~ 29 届青少年科技创新大赛获 1 个一等奖（揭阳市第一个），10 个二等奖，21 个三等奖。开展对联传统文化教育，编写对联校本教材，营造书香校园。在“龙虎塘杯”全国中小学生征联大赛决赛现场，我校陈晓旋荣获第一名。学校还将太极拳引入体育课堂，举行太极拳比赛，既强健学生的体魄，又使学生浮躁的心理得到陶冶，更好地投入到学习中去。

兴文中学千人太极拳

独特的德育教育，使学生焕发出动人的魅力。去年“8·16”洪灾，我校地处主灾区，洪水到来当晚，学校领导、教师奋力抗洪救灾，转移物资直到凌晨三点，减少了校产的损失。第二天，一些学生自发从镇上购买面包、方便面、矿泉水等食品，涉过浸胸的洪水，艰辛地将食品送给被洪水围困的学生。当学校免费为450名内宿生送上热腾腾的饭时，不少学生深受感动。第二天洪水刚退，内宿管理老师立即带领主动留下来的20多名学生清洗受浸的床铺、地板。这不正是优秀做人的体现吗？天灾无情，人应有志，德育的熏陶，凝聚了兴文人自强不息的精神力量。

三、优化师资增实力

只有干劲冲天的老师，才能带出壮志凌云的学生；只有认真工作的老师，才有认真学习的学生。多年来，我校致力于打造一支优质的师资队伍，把每一位老师打造成一张张亮丽的名片。

1. 互促机制

推行“一帮一”“老带新”“新促老”等互帮互促机制，以点带面，全面发展。开展评选优秀科组活动，促进各科组和谐共进，争当教研排头兵。用我校原英语教师，外交部党委委员、部长助理郑泽光的事迹，激励教师勇挑重担，敢于担当，把干出名堂当成神圣使命。

2. 公正管理

推行“公平、公正”的管理机制。教师公寓住房的分配采用抽签的办法，按实绩推荐优秀教师评选省级、市级优秀教师，民主推选教研组长，民主评选“十佳教师”，并由热心校友奖励手提电脑各一台。学校管理阳光公正，深得人心，大大调动了教师的工作积极性，为高考提供了不竭的动力。

3. 关心则安

替教师排忧解难，让教师安教乐教。兴文地处农村，原来教师缺口较大。近年来，得益于普宁市委市政府招聘教师的政策，学校招聘本科优秀毕业生 100 多人，解决教师紧缺的燃眉之急。对招聘的教师，我们给予深切的人文关怀，做到事业留人，感情留人，待遇留人。为方便家住市区的教师上下班，学校租车接送。为解决年轻教师暂时买不起房的问题，学校建了一幢教师公寓，让骨干教师住上二房二厅、三房二厅的温馨居室，个别想辞职的外省籍老师最后也留了下来。

目前，学校教师凝聚力强，骨干教师留得住，优秀教师引得进，中青年教师跟得上，师资结构得到了较大程度的优化。

四、高效备考蕴潜力

学校准确把握高考的发展方向，充分调动全校师生的积极性，在“早、细、实、严”上做文章，既重视传授知识、提高能力，又注重品行培养、激励壮志，使各个层次的学生都能获得超越自己的发展。学校落实六年、三年的高考备考思想，引导初中部学生打好基础，立志上理想大学；高中部实行分层编班、分层编课、分层考试制度，真正体现了因材施教。每年都安排部分高三、初三的老师到高一、初一任课，从起始年级开始抓高考，为高考打下了良好的基础。如 2013 年高一陈晓燕同学统考列全市第 45 名，比中考进步了2 300名。

同时，着力探索网络化备考的新途径，加大备考信息获取力度。学校借珠海教师下乡支教的契机，学习珠海实验中学、珠海斗门一中的先进备考经验，与每一位支教老师做朋友，与支教学校结成友好学校；还与华南师范大学附中、广东省实验中学、汕头金山中学、潮阳一中、南澳中学等名校建立长期友好的备考交流关系，大大提高了高考备考效率。

在新的历史时期，把兴文中学创办成“普宁一流，广东知名”的品牌学校，是我们每个兴文人共同的奋斗目标。只要坚持“特色兴校、科学发展”的宗旨，勤奋严谨，与时俱进，兴文中学这所传统名校必将持久地焕发生机与魅力。

（本文 2014 年 10 月发表于《揭阳教育》）

校长在打造品牌学校中的角色定位

打造一所品牌学校，需要一个漫长的过程和坚持不懈的奋斗，需要有精辟理念、精品文化、精锐师资、精良管理等内涵因素的强力支撑。在创建品牌学校的过程中，校长是关键性人物，必须要有正确的角色定位。

一、精辟理念的锤炼者

办学理念是一所学校的精神引领。一个正确科学的办学理念可以提升一所学校的办学层次和发展水平。校长要在综合分析、准确定位、广泛征求的基础上，结合时势，锤炼、提升学校的办学理念，并用先进的理念统领学校发展，感召学校师生奋发进取。普宁市兴文中学创办于1934年，历史悠久，且有优良的革命传统，先后涌现了许多知名革命家、教育学家和文化名人，积淀深厚，英才辈出。我到学校任职之后，查阅了大量资料，走访老领导、老教师，广泛征求意见、建议，集思广益，确立了四方面的理念：一是树立“自强不息，志在一流”的学校精神；二是确立“明道笃行”的校训；三是修订“主动发展，和谐共进”的校风；四是淬炼“让学生成才，让教师成名，让学校成功”的办学理念。三年多来的实践证明，这些理念的探索实践，使学校的发展有了“主心骨”，明确了方向，清晰了思路，对学校的健康和谐发展起到了极大的促进作用。

二、精品文化的建设者

校园文化与品牌学校之间有着密切的联系。良好的校园文化是一所学校的品牌，是一所学校的文化教育力。一所好的学校，必定有优秀的校园文化，而优秀的校园文化就是一所学校的品牌。我担任兴文中学校长三年多来，在校园文化建设方做了许多积极的探索和实践。

1. 着力打造独特的校园文化景观　充分发挥环境育人的作用

在学校综合楼天井建设喷水池，内立飞跃状红鲤鱼泥塑，寓意鲤跃龙门，激发学生奋发向上，争取名题金榜。在教学楼两边墙壁悬挂巨幅孔子画像和陶行知画像，并分别题写“学而不厌，诲人不倦”和“千教万教教人求真，千学万学学做真人”。重建兴文楼，请国学大师饶宗颐题写“兴文楼”，使其成为学校的标志性建筑，既凝聚校友人心，也激发兴文人爱校建校热情。同时，着眼于环境文化氛围对学生的熏陶和感染，不断增加投入，净化、绿化、美化校园环境，让校园的每个角落、每处设施和一草一木都能与学生交流，与学生同呼吸共成长，为学生创设一个文明的、能熏陶学生情操的学习生活环境。

综合大楼“鲤跃龙门”景观

2. 着力打造对联文化　弘扬中华优秀传统文化

学校把对联文化作为弘扬中华优良文化的突破口和重点，作为校本教研专题，参加全省校本课题研究，经常性开展活动，校园讲对联、学对联、做对联氛围浓厚。每个班结合实际题写对联，学校标语多以对联形式出现，请揭阳市楹联协会到校开展采风活动，举办讲座和对对联活动等。两年多来，硕果累累：出版《中学生对联入门》，学生参加全国对联比赛获一等奖，师生联作多次在专业报刊发表；地方电视台曾做专题报道，在全市享有较高知名度。

兴文中学学生在练习对联与书法

3. *着力打造活动文化　构建儒雅活泼生动的校园生活*

学生第二课堂活动往往是校园活动文化的主要载体。有规划有统筹地搞好校园文化活动工作，对建设精品校园文化至关重要。我校的传统校园文化活动主要有演讲比赛、作文比赛、篮球赛、元旦文艺会演、十佳歌手大赛、体育节等。还设有演讲学社、文学社、太极拳兴趣小组、科技创新兴趣小组、学生篮球队、舞龙队、英歌队等 20 多个学生社团。定期出版《兴文校报》和《兴文人》校刊，为学生提供了展示特长的广阔舞台。丰富多彩的校园文化生活，使学生充分展现自我优势，获得自我满足和外界的赞许，感受到校园活动文化的魅力，迸发学习热情和生活激情。

兴文中学学生在练习太极拳

三、精锐师资的打造者

学校办学质量的提升和综合发展，教师是关键。要打造品牌学校，校长必须着力打造一支政治素质好、业务能力强、学科齐备的精锐师资。兴文中学地处农村，交通、生活工作条件相对市区较落后，教师流动性大、优秀教师引进难度大、管理难度大等问题曾一度严重影响了学校的优质发展。通过近几年的强力打造，学校的凝聚力渐渐增强，骨干教师留得住，优秀教师引得进，中青年教师跟得上，师资结构得到较大程度的优化，呈现了组组有课题、科科有骨干、人人有特长的良好势头。主要做好“六抓”。

1. 抓师德锤炼

“师有百行，以德为首。”师德，犹如教师的生命，微小中蕴藏着博大，短暂中孕育着永恒。对学校的师德建设，我十分重视。要求教师要以“四有”（有爱心、有事业心、有奋斗感、有责任心）严格要求自己，时刻提升自己。通过师德教育和评选兴文中学“十佳教师”，彰显先进，引导教师敬业乐业，静下心来教书，潜下心来育人，做受学生爱戴、让人民满意的教师。适时加强思想道德教育，如去年我结合汶川地震、奥运会和“神七”升空，教育引导教师要自强不息，奋力拼搏，争当英雄，大胆探索，勇于创新、勇创奇迹。

2. 抓学习培训

校长要做好表率。我积极参加广东省高中校长高级研修班，多次赴北京、广州等地参观学习，提升自身理论水平，借鉴发达地区品牌学校办学先进经验；订阅专业报纸杂志，购买教育专著，着力学习提高。班子成员也做到带头学习，带头撰写心得体会。每年出资为教师订教育教学报纸杂志，购买专著分发给教师，增加图书馆、阅览室存书量及种类。目前，大部分教师已养成到图书馆借书、到阅览室“充电”的良好习惯。学习已成为学校教师生活的重要内容和迫切需求。近年来，学校师生共有50多篇论文习作发表于省级、市级各类报纸杂志。积极为中青年教师创造更多更高层次的外出学习、交流和培训的机会，提高学识水平，开阔视野眼界。

3. 抓人本管理

树立“管理即服务”的观念，充分发挥情感在管理中的作用，充分尊重、理解、信任每一位教职工，广泛听取教职工的意见，虚心接受教职工的监督和评议。努力为教职工办实事、解困难，营造融洽相处的良好环境，让每一位教师都感到生活在一个互相尊重、互相合作、体谅宽容、公平竞争的大家庭里，增强教师凝聚力。

4. 抓团队精神

在教师中倡导人文关怀，做到讲大气、讲合作、讲宽容；倡导人文精神，做到讲合作、讲敬业、讲创新。推行“一帮一”“老带新”“新促老”等互助互促机制，以点带面，全面发展，促进教师队伍的全面提高。开展评选优秀科组活动，促进各科组和谐共进，争当教研排头兵。2007年学校数学科组被广东省教育工会评为先进班组。

5. 抓校本教研

校本教研是促进教师专业成长和彰显办学特色的有效途径。建立健全校本教研制度，规范行为，形成制度化、规范化，坚持特色化。在“对联”“科技创新”“轮教互评”“学科周”等重点校本教研课题取得阶段性成果的基础上，进一步拓宽校本教研领域。按现有教师资源及特长，成立新的研究课题，让更多教师与课题同成长，让更多学生在课题中受益，推动校本教研的深入发展。目前学校有省级课题 2 个，市级课题 2 个。近三年来，有 50 多篇课题论文、实践报告、科技论文荣获广东省青少年科技创新大赛二、三等奖。

6. 抓比赛竞争

教师的进步和专业成长，需要有激烈、有序、公平的竞争环境。近年来学校精心搭建“擂台”，使教师在比赛中提高教育教学水平，在竞争中增强危机意识。比如班际学科竞赛、中青年教师教学技能比赛、主题班会比赛、课件制作大赛等。

四、精良管理的统筹者

品牌学校必须要有一流的机制、一流的管理和一流的秩序。对学校管理，校长要做到统筹兼顾，大处着眼，小处着手，注重制度化、精细化和人性化，实现管理的科学性、有序性和高效性。我校主要抓好“一二三”：坚定一个理念，围绕二条主线，强化三项措施。

1. 坚定一个“人文关怀”的管理理念

管理是对人的管理，管理的终极目标是规范人的行为，培养人的良好习惯。兴文中学生源质量参差不齐，优秀生较少，层次低的学生偏多，管理难度较大。针对学生的构成特点，学校制定了相应的管理制度，形成独特的管理体制，处处体现人文关怀，促进学校和谐发展。

2. 围绕德育和养成教育二条主线

为更好探索新时期学校德育工作，增强德育工作的针对性、实效性，提高感染力、吸引力，学校把学生思想道德教育和养成教育有机结合起来，全面培养学生，培养全面发展的学生。引导学生不一定要做一个成绩拔尖的学生，但一定要做一个有思想、有纪律、有爱心、有品位、有追求的人。学校以“优秀做人，成功做事”为德育主线，以礼仪教育、孝心教育、爱心教育、理想教育为重点，以校内“六无”（校园无纸屑、墙壁无脚印、桌椅无刻画、厕所无臭味、公物无损坏、出口无脏言）为突破口，教育引导学生从大处着眼，小处入手，要成功做事，先优秀做人，做优秀的人，从“六无”做起。德育工作的有效开展，纯洁了校风、促进了学风，校园景象喜人：卫生死角消失了，讲卫生讲美化之风渐浓了；染发、长发少了，讲形象讲文明的人多了；迟到逃课少了，早读晚修的学生多了……学生良好的形象在今年10月6日校庆给校友和嘉宾留下深刻的印象。2007年，学校被评为“揭阳市文明学校”；2008年，学校被评为“揭阳市书香校园”；2009年，学校被评为“广东省书香校园”。

3. 强化制度建设　自主管理　专题教育三项措施

一是强化制度建设。制度建设是学校管理之“本”，要有好的管理效果，必须要有好的制度。近年来，学校结合实际，制定了《校园十不准》《学生奖励办法》《星级宿舍评选办法》等规章制度，涵盖了纪律、卫生、学习等多个方面，实现了学校管理的制度化、规范化和有序化。二是强化自主管理。现代校园学生管理的最高境界是培养学生的自我管理能力，以主人翁的姿态在学校中学习、生活。学校成立了学生会，促使学生参与学校的学生管理，逐步培养自我管理能力，积极为学校的管理工作建言献策，努力使传统的“刚性”管理逐渐向“柔性”“弹性”管理转化。现在，出入校门下车、学生集会有秩序地进退场、遇到师长主动问好、自主安排处置班务、早读午写等行为已成为广大学生的良好行为习惯。三是强化专题教育。如开展孝心、爱心、礼仪、“优秀做人，成功做事”等主题鲜明、意义深远的专题教育，创造了具有本校特色的主题教育实践活动。

“天行健，君子以自强不息。”面对竞争日趋激烈的办学环境和受教育者的迫切需求，打造品牌学校必将成为每一位校长执着的办学信念和追求。我相信，校长如能把握好角色定位，积极实践，不懈努力，无论是什么起点的学校，都可以打造成响当当的品牌学校。

（本文2010年1月发表于《揭阳日报》）

问道 166 中　焕发兴文魅力

在北京市 166 中学学习问道，让我受益匪浅，感触良多。北京市 166 中学是一所有故事的学校，让我感触最深的是该校把故事讲活、讲出彩，把事情做精致，真可谓匠心独运，令人回味无穷！

一、亲切的校园文化

看了 166 中的简介，竟然与我校有一些巧合的地方。例如，166 中谢希德院士曾任复旦大学校长，很碰巧，现任复旦大学校长、中科院院士许宁生是我校校友，学校想把正在建的科教楼命名为“宁生楼”或“院士楼”，他委婉地拒绝了；该校校友文学家冰心的大名如雷贯耳，我校有著名书画家吴齐；该校有中国第一位话剧女导演孙维素，我校有电影出版社前社长许南萌、人民日报国际部原主任陈特安；该校有卫生部前部长李德全，我校有原来的英语老师、现任外交部副部长的郑泽光，等等。166 中是北京市中小学科技教育示范学校，我校是广东省科学教育特色学校。看到 166 中的百草园，我倍感亲切，因为兴文也有百草园，种有潮汕人俗称的青草。

二、新鲜的研讨式行政会

跟岗第二天，我们参加了 166 中的行政会。教科所的主任复盘教育年会——课程生长的培训情况。所谓复盘，就是从目标与结果的差距中寻找改进措施的方案。把股票术语引入学校管理，很有特色。本次培训内容主要是对接新高考，组织学习，分享知识，扩展视野，探讨方法，为学生选科、选班、就业做前期准备。介绍完后，教科所的主任询问大家对培训的效果感觉如何，大家都给予了肯定。接着她把问卷调查采集到的大数据，从不同年龄段对不同学科，讲课老师的内容、技能，到老师们接受的程度以及需求，甚至海报的设计，多角度、多维度来分析研究，为下次培训提供供给侧方案。校本培训后认真复盘，了解老师们的真实想法与内在需求，使培训更有针对性和实效性。不像一些应付式的培训，讲者费心，听者无心，大家劳心。166 中复盘做法，值得借鉴。

负责科技工作的主任就持续发展博雅课程体系、提升师生科学素养的金鹏科技团评审汇报做总结发言；从工作背景、指导思想与工作策略、支撑保障、实施渠道、主要成效、存在问题等方面做了全面阐述。接着 166 中的王校长做了点评并指导了改进的方法，把脉精准，说到了点子上。166 中这种预演的方式，集思广益，改进完善。正所谓：打有准备之战，战之必胜！

166 中有 12 个年级且校区多，日常工作已各自落实，行政会主要针对工作重点，着重研究分析问题，这种研讨式的会议值得学习。

三、高效的德育工作

此外，我们参加了东城区在 166 中举行的《中小学德育工作指南》座谈会。会议首先由区教委孔副主任做专题发言。他指出《指南》出台前的德育背景，从以德为主，到以德为先再到立德树人，着重做好“四个一”，即一个核心——立德树人，一个主线——社会主义核心价值观，一个重点——构建德育体系，一个目标——养成良好习惯，提升综合素养。

德育教育目标变为立德树人，重在落实为谁培养人，培养什么人，如何培养人的上级指示。首先要从教材改革入手，使价值观在教材中潜移默化地形成；抓住课堂主渠道，培养道德认知；落实教育行动规划，培养良好习惯；完善德育格局，形成强力支撑；明确工作目标，把队伍建起来；创新工作方法，开展微创新的课题研究，走出去，听一听，接地气。接着各校分别介绍了对接工作指南的做法，提出建议或碰到的问题。最后德育科的领导做了总结发言。

凡事预则立。东城区教育委员会在《中小学德育工作指南》出台前，及早做好部署，组织各校德育骨干，交流探讨，让大家互相借鉴，取长补短，德育工作真正落地，值得各地学习。高效的德育工作，更好地使学生习惯落地，内化于心，心花盛开，境界自来。

它山之石可以攻玉。结束了本次跟岗学习活动，接下来，我将结合兴文实际，认真借鉴166中的做法，进一步提升兴文的办学品位。具体总结出以下三点。

第一，校友文化　促进德育教育

我校以“优秀做人，成功做事”为德育理念，突出“礼仪”“孝道”“爱心”“理想”四大德育主题，充分利用校友资源，以成功校友为榜样激励学生。校报介绍校友风采，教学楼悬挂知名校友简介，兴文楼前种植院士樟。用中科院院士、复旦大学校长许宁生校友，外交部副部长郑泽光校友的先进事迹增强师生的自豪感和爱校情怀。还邀请多位知名校友回校举行讲座。自2016年开始，翰宇药业董事长曾少贵校友奖励高考上一批线的学生每人2万元，给予高一上重点中学线的学生每人2万元助学金，激励兴文学子满怀自信、立志圆梦、心怀感恩、回报母校、回报社会。成功校友的事迹，激发了学生“学习优秀校友，争做成功兴文人”的坚定信念。

第二，强化特色　擦亮兴文品牌

近年来，我校结合实际，形成足球、科技创新、太极拳和对联四大办学特色。

学校被评为全国首批足球特色学校，积极开展足球教育，让足球进入体育课堂，激发学生对足球运动的兴趣，并组建雄鹰足球队，聘请双兴俱乐部日本籍教练山野任教，邀请足球之乡的梅县高级中学的领导、教练前来指导。2017年，我校高中、初中两支足球队同获普宁市冠军。去年成功承办普宁市中学生足球赛，获得好评。

2017 年，兴文中学男子足球队夺得普宁市冠军，进入揭阳市四强；2018 年，兴文中学雄鹰女子足球队夺得揭阳市冠军，代表揭阳市参加广东省“省长杯”中学生足球联赛

学校积极开展科技教育，学生参加广东省科技创新大赛，获揭阳市第一个一等奖，20 个二等奖，24 个三等奖，是揭阳市获奖最多的学校，学校还荣获“全国基层赛事优秀组织单位奖”。

兴文中学以太极拳作为中国传统文化的切入点，开展太极拳教育和比赛。松静柔和的太极拳，对学生的身心健康起到良好的促进作用，激发了学生的聪明才智。人人练太极是兴文中学校园里的一道风景线。

我校开展“弘扬对联文化，打造诗书校园”特色教育活动和课题研究，并编写教材《中学生对联入门》。通过开展专题活动，引导学生欣赏对联、研究对联、创作对联，传承中华优秀传统文化。我校学生陈晓璇获全国中小学生征联现场比赛第一名。

第三，优化管理　营造和谐氛围

多年来，我校群策群力，优化管理，创设和谐的工作环境，致力于打造优质的师资队伍，力争把每一位老师打造成一张张亮丽的名片。

推行“一帮一”“老带新”“新促老”等互帮互促机制，以点带面，全面发展。开展轮讲互听、轮写互评，主备课制和主命题制，评选优秀科组活动，促进各科组和谐共进，争当教研排头兵。激励教师勇挑重担，敢于担当。关注新高考改革的课程体系和学科建设以及学生的全面发展。分层编班、分层编课、分层考试，主动应对新高考。2016 年自高一年级开始，尝试开设选修课，让学生根据自己所需选修课程（包括主科及艺体内容的选修）。同时，学校还在教育教学模式上，整合教育教学资源，调配课堂结构，积极探索“7 +2”课堂教学模式，提高课堂效率。事实证明，高效的创新教育模式，提高了学校的教育质量。推行“公平、公正”的管理机制，采用抽签的办法分配教师住房；按实绩推荐优秀教师评选省、市优秀教师；绩效工资分配方案由教师投票确定；民主评选“十佳教师”并奖励每人一台电脑。阳光公正的学校管理深得人心，大大调动了教师的工作积极性。

感谢普宁市教育局组织的此次外出跟岗学习活动，让我拓宽了视野，增长了见识，理清了办学思路，力争让兴文中学焕发出更迷人的魅力。

研新修远　根深实遂

寒冬腊月，首都风起，雾霾消散，天空碧蓝，虽天骤冷，但心却热。带着对教育的梦想，时隔十一年，我又走进了北京师范大学。怀想当年，为迎北京奥运，师大多处建设。现师大建设已臻完善，百年名校，木铎金声，让人羡慕！

一、心怀期待　静心潜学

12 月 4 日上午，在北京师范大学校长培训学院，揭阳市教育行政管理干部领导力提升高级研修班开班仪式简单而又热烈！首先，北师大校长培训学院李霆鸣副院长致欢迎词并就当前中国教育形势做了简要而富有深度的讲话。他指出作为教育行政干部必须具备政治思维、理性思维、实践思维、创新思维和国际思维五种思维，也要清楚当前教育正面临的四种挑战，即课程改革、招生改制、信息技术和教育国际化。新时代背景下的管理者，更应该具备聚焦眼光、亲情眼光和战略眼光，要以“三种眼光”带着“五种思维”应对“四种挑战”。同时，他希望学员们在培训的过程中积极交流并学会分享。揭阳市教育局江继生副局长要求学员们认真学习党的十九大关于教育的论述，结合我国教育正处于深化课程改革的背景下，为落实教育优先发展和推动“十三五规划合作培训项目”，指出北京师范大学在对揭阳现状做详细调查后，根据不同层次、不同领域制定了多维度的培训项目，希望参加本次培训的全体学员珍惜学习机会，静心潜学，学以致用。

学员们以领导的关心期待为鞭策，转变角色，偷闲做读书郎！不仅专注听讲座，做好笔记，有时还用手机把讲座要点拍下，慢慢领悟。

二、名家引领 触类旁通

北师大老师的课，各具特色，各展风采，各抒己见，和而不同。专家引领，只言片语，就足以让人触类旁通！

在第一节课上，权江红老师别开生面的教育戏剧课充满趣味和欢笑。这节课使我们了解到戏剧教育可以提升参与者的交际、表达、分享、想象力、集体意识等素质。这与兴文中学举办迎2019年元旦文艺会演，也有异曲同工之妙。

成刚教授以“学校办学效益综合评价理论与实践”为主题，用一张“学习金字塔”图片，剖析了在课改中我们该如何正确理解学生的学习，提出“做正确的事，比正确地做事重要”的观点。他启发我们思考：教育要培养什么样的人？该怎样培养？学校又该怎样提升办学质量？还让我们明白幼儿阶段是观察力的关键期、小学阶段是记忆力的关键期、中学阶段是意义记忆的关键期，学生每节课学习的高效期是在前面25分钟。成教授还特别阐述了如何从合格学校到特色项目学校，再到特色学校，形成品牌学校，更让人受益匪浅。

刘美凤教授从教育的本质说起，并结合自己女儿的成长经历，向我们娓娓道来她对教育本质的理解，令人耳目一新。顾明远教授说：“教育的本质是提高每个人的生命质量和生命价值。”刘教授对北京十一中李希贵校长的办学理念高度赞许。因材施教，为每一个学生提供真正适合自己的教育，并对未来的社会负责，是我们每一个教育者的追求。

中国教育学会会长、北京师范大学原校长钟秉林教授的讲座——主动应对教育改革新挑战，站在当今教育的前沿新高度，从高考改革、网络教学、STEAM教育、教育国际化四个方面为我们阐释了教育所面临的新挑战以及应对方法。钟教授说，作为新时代的教育管理者，面对新的高考改革形势，要转变教育思想观念，树立先进的教育观和教育价值观、科学的人才观和质量观，完善学生评价制度，改革人才培养模式，促进教师职业发展，创新管理体制。

钟教授谈道，网络时代，当代教育已经颠覆传统的教学过程，由知识的传授转化为知识的内化。因此，教育必须转变观念，要深化教学改革，实现信息技术与教育教学的深度融合，要提高教师素养，探索体制创新，促进教育的个性化、精准性、自适性和普适性；同时要注重跳出网络教学发展的误区，避免炒作概念、片面夸大网络的作用。

钟教授强调，教育管理者要关注当前 STEAM 教育，重视跨学科整合的教育理念和教育模式，激发学生学习的兴趣，增强知识理解，培养学生的创新思维和创造力。

钟教授还就当前教育国际化的问题，谈到教育管理者要把握世界教育发展的新趋势，探索国际经验的本土化实践，把国际化的教育理念渗透到学校办学的实践之中，给全体学生提供多样化选择和国际理解的机会。钟教授特别强调，在教育的新时代，学校要主动应对学习方式的变革和教育国际化的新挑战。

中国教育报刊社会媒体中心舆情评论总监、《教育舆情内参》张以谨主编为我们开设了“突发事件应急与危机管理的基本问题”专题讲座。他以区域教育负面舆情事件的常见类型及案例，为我们分析了教育舆情危机的应对与风险防控的方法，以及维护与提升教育形象的策略。他说，在互联互通、多元共治、民主平等、依法治校、数据化智能化时代，应对教育舆情事件，要抓黄金时段，合理分工，统一口径，及时上报，实时发布，实话实说，进行人性化传播，寻求舆论的支持，寓引导于服务之中。同时，要建立舆情风险防控机制，形成稳妥有效的教育决策管理机制，不断提高教育治理能力和水平。北京市已经形成良好机制应对校园突发事件，教育部应组织各省市向北京学习，有效化解校园突发事件，让学校教师安教乐教。

历史学院讲师李凯为我们讲授了道法自然：道家管理智慧。从道法自然的智慧、老子的智慧、庄子的智慧三方面展开，让我们知道“道法自然”中的“无为”，它不是让人不作为，而是尊重规律、顺应自然而为、不妄为、不造作。他说，中华传统文化源远流长，博大精深，文化自信是我们中国人应有的态度，作为教育工作者，我们有责任、有义务把它传承下去，使传统文化得以发扬光大。

2018 年 12 月 10 日上午，全体学员聆听了原教育部基础教育司司长、国家副总督学王文湛教授关于“学习十九大，落实全教会，加强德育，深化改革，队伍建设”的讲座。他以独特的人格魅力及良好的专业素养，用平缓厚重的语气、幽默风趣的语言，让全体学员领悟国家的教育方针政策，深刻了解现代教育发展的现状和趋势。王教授对历届党代会报告中教育的论述做了详尽的统计，概括了十九大报告中关于教育的讲述是“字数最少，分量最重”的一次报告。他深刻解读办人民满意的教育的内涵：一是办好每所学校，体现教育公平；二是教育好每个学生，体现育人为本；三是让每一位家长放心，体现教育宗旨；四是选好每位校长；五是关心每位教师的成长，发挥每位教师的作用。只有办好人民满意的教育，才能实现教育跨越发展，奠定中华民族复兴的坚强基石。

王教授以凝练的语言概述了德育工作的首要位置：德育工作是教育之本，是教育之方向、灵魂，是教育的生命力所在。他指出，课程育人、文化育人、活动育人、实践育人是德育的四个主要途径。

王教授还提到作为一名校长的“六个更重要”：做人比做事更重要，做事比做官更重要，公心比热心更重要，学问比学历更重要，身教比言教更重要，过程比结果更重要。

王教授特别提到，今后高考更注重语文。高考数学试卷将从 2 000 多字增加到 5 000 字，语文将从 6 000 ~ 7 000 千字增加到 9 000 字。可见培养学生阅读兴趣，形成阅读习惯，养成思考能力相当重要。这与兴文把语文组作为优势科组率先突破的做法不谋而合。

张渝鸿教授为我们带来“压力管理与心理调适”的专题讲座。张教授通过列举一连串的案例，强调所有的压力都来源于关系，如家庭的压力、工作的压力、社会的压力、环境的压力。据分析，产生压力主要是缺乏人际支持、想法不切实际、身体紧张、情绪压抑、忽略自己的需要和感官刺激过度六个方面引起的。正如处于同一个环境，不同的人，不同的心境，看到的并不尽相同。悲观的人，往往看到的是消极的一面；而乐观的人，看到的常常是美的东西。我们不仅追求生命的长度，更应追求生命的宽度，可以拥有欣赏世界的心境，留意身边的美景，保持阳光的心态。最后，张教授让大家记住：相信你喜欢的，你能坚持的，就是最好的。

三、参观学习　开阔视野

在联想集团北京总部，展示中心工作人员向我们介绍了目前联想研发的智能穿戴设备、AI 眼镜、最新的 PC 产品、智能家居、医疗行业的解决方案、制造行业解决方案等。我们也深深地感受到了联想对其战略的落地实施，对未来行业发展的把握，对服务理念的执行等，而这些也是使一个企业成功所不可缺少的因素。兴文中学每年奖励十佳教师每人一台联想电脑，用行动支持民族品牌！

在北京市海淀区教师进修学校附属实验学校，该校曾辉副校长带领我们参观了校园，并向我们介绍了该校的基本情况。北京市海淀区教师进修学校附属实验学校（简称教进）是海淀区教委所属的一所优质公立完全中学，学校现有南北两校区。南校区地处海淀区西三环外八里庄北里住宅小区，与玲珑塔（慈寿寺塔）为邻，富于现代感和国际化风格；北校区位于西四环世纪城大型社区，融入古典书院风格，走进校园，能让人“沉下心来读书”。该校现有初高中 56 个教学班，教师 200 余名，在校生 2 200 多人，配套齐全，设备精良，管理到位。最为让人惊叹的是他们的图书馆，不仅藏书多，开放式陈列，设计别具匠心，而且还是学生图书社团自主管理。同时，看到茶艺室、工夫茶道在该校弘扬，我们倍感亲切！

参观完校区之后，朱晓安主任为我们做了“高质量校本研修——优质学校成长的动力之源”的主题报告。报告介绍了该校校本培训经历的过程与具体做法。他们采用广泛走出去、请进来的方法，学习先进的教学理念，摸索着把先进的理念应用于教学实践，寻找教学中的困惑点，聚焦教学中的真实问题，广泛实践，形成案例，提供研究平台，开展论坛交流活动 。他们坚持从学校实际出发，不跟风，不盲从，学习国际先进教育思想和理论，并使之本土化，突出实践取向、能力为重的原则；注重成人学习的特点，校本培训从跨学科逐渐转化为学科专业研究，从“研训”到“研修”，发挥各学科特长，自主研修，深度研修。这对我校开展“7+2”高效课堂模式很有借鉴意义。

四、领略名师　感受风范

北京师范大学校园一角

百年名校，名师辈出。研修也让我对北师大的老师由衷地敬佩！

权江红老师曾因为生病，差点不能再上讲台，但对教育的挚爱，让她顽强地回来！张渝鸿，一个有鸿鹄之志的女强人，曾经是一个信息公司的掌控人，但教育才是她的真爱。李永瑞博士的“人生最重要的目标是让世界变得更好”让人别有感触！而更感人的是他介绍了《我和小熊的故事》和《我与网瘾青年鹏哥的故事》两个例子。他告诉我们，一个好老师能够改变学生，甚至学生家庭的命运。在讲述过程中，他是多么的自豪与骄傲！

67岁的北师大原校长钟秉林仍坚持每天给学生上课，这让我们起敬！而81岁的王文湛教授的讲座犹如天籁之音，给我们全体学员带来了莫大的震撼——这位年逾八旬的长者，不用讲稿，不用课件，手端一杯清茶，思维敏捷，条理清晰，余音绕梁，令人如沐春风。在惊叹他电脑般的记忆力的同时，这位教坛泰斗如此热心于教育事业，初心不改，砥砺前行的“师表”风范更令我们深深折服与万分崇敬。活到老，学到老，干到老！这种精神是照亮中华教育之路的明灯，更是我们学习的楷模！

宁静的自信，喜悦的参与，深远的辽阔，研新修远，根深实遂，梦想花开！